民族传统体育的传承与发展研究

陈祥伟　蔡运涛　王慧玲　著

地质出版社
·北京·

图书在版编目（CIP）数据

民族传统体育的传承与发展研究 / 陈祥伟，蔡运涛，
王慧玲著. — 北京：地质出版社，2018.7（2025.1重印）
　　ISBN 978-7-116-11090-8

　　Ⅰ. ①民… Ⅱ. ①陈… ②蔡… ③王… Ⅲ. ①传统体
育项目－研究－中国 Ⅳ. ①G85

中国版本图书馆 CIP 数据核字(2018)第 160613 号

MINZU CHUANTONG TIYU DE CHUANCHENG YU FAZHAN YANJIU

责任编辑：王雪静　　龚法忠
责任校对：王洪强
出版发行：地质出版社
社址邮编：北京市海淀区学院路 31 号，100083
电　　话：(010)66554542(编辑部)
网　　址：http//:www.gph.com.cn
传　　真：(010)66554577
印　　刷：北京大地彩印有限公司
开　　本：787mm×1092mm　1/16
印　　张：11.75
字　　数：180 千字
版　　次：2018 年 7 月北京第 1 次版
印　　次：2025 年 1 月北京第 2 次印刷
定　　价：48.00 元
书　　号：ISBN978-7-116-11090-8

前　言

据不完全统计，我国民族传统体育项目共有 977 项之多，其中汉族有 301 项，其他民族有 676 项，绚丽多彩的民族传统体育不仅体现在运动项目众多，而且还具有多种复合价值。它作为中国传统文化的主要载体，代表着全球化进程中国家民族身份和象征，在提升国家文化软实力、构建和谐社会方面具有不可估量的作用。本书通过文献资料、实地调查、德尔菲法以及数理统计、逻辑分析等方法，从民族传统体育地域分布出发，在全面把握民族传统体育发展嬗变的基础上，运用分层理论、价值哲学、评价理论以及战略理论等多学科理论知识对民族传统体育项目结构、评价和实践进行分析，构建民族传统体育项目分层评价指标体系，勾勒出了民族传统体育发展战略。

长期的历史积淀使得我国的少数民族传统体育文化变得博大精深，并承载着厚重的文化价值、历史价值和健身娱乐价值。在经济、政治、信息快速迅速发展的今天，从而使得许多优秀少数民族传统体育文化逐渐异化或濒临失传。在这样的背景下，本书以寻求民族传统体育文化传承合理机制为价值导向，针对中国民族传统体育的传承问题也进行了一系列的分析和探讨。

本书共分为七章。第一章从整体的角度的出发，针对民族传统体育的起源与发展等问题进行了论述；第二章从不同角度出发，将民族传统体育与政治、经济、文化之间的相互关系进行了分析和研究；第三章针对民族传统体育的球类项目的发展与实践进行了论述，包括蹴球、木球、毽球和珍珠球；第四章针对民族传统武术项目的发展与实践进行了探讨，包括武术运动、拳术和器械套路项目；第五章论述了传统体育中民俗项目的发展与实践，包括舞戏、龙舟和搏击项目；第六章对民族传统体育与非物质文化遗产保护方面的内容进行了探讨；第七章对民族传统体育的传承进行了论述，包括民族传统体育的生存空间，传承方式，以及对民族传统体育的反思等。

本书由普洱学院陈祥伟、河北科技大学蔡运涛、西藏大学王慧玲著，具体编写分工如下：陈祥伟负责第七章的编写，蔡运涛负责第三章至第六章的编写，王慧玲负责第一章和第二章的编写，全书由陈祥伟统稿。

本书在撰写过程中参考了众多专家学者的研究成果，在此表示诚挚的感谢！

作　者

2018 年 4 月

目　　录

第一章 民族传统体育的兴起与发展

民族传统体育活动的产生不仅与人类改造自然的活动有关，而且还和人类为解决与外部自然的关系而产生的一些相关活动密不可分。通过民族传统体育的多方位研究，我们不难发现，民族传统体育的产生并不是单一的、孤立的，它依附于民族文化的广阔背景，与各民族的自然环境、生产特点、经济生活和风俗习惯有着密切的联系，经过长期的发展和演变形成了各具特色的民族传统体育。

第一节 民族传统体育的起源与历史演变

由于民族传统体育项目区域分布比较广，地理环境和文化传承空间差异性很大，加上经济发展对区域影响程度不同，民族传统体育项目变迁的形式呈现多元化，既有完整地接受新传统抛弃旧传统而进行的取代形式和有不同项目之间的融合变迁形式，也有在原有项目基础上进行改造和整合的变迁形式。因此，对民族传统体育的起源与演变进行梳理，对当前正确认识和判断民族传统体育发展具有重要意义。

一、民族传统体育的起源

民族传统体育指的是世界各族人民在不同历史时期所创造的以满足人们在不同历史时期身心发展所需要的体育活动方式，其涵盖的内容极其丰富，这使得民族传统体育的起源成为一个比较复杂的理论问题。如同人类历史上其他许多事物的产生一样，其产生必然有其内部因素和外部条件。如有的项目起源于狩猎、农事、征战，有的项目起源于宗教、民俗，有的项目起源于各民族养生健体的需求等。

（一）种族繁衍

种族繁衍是人类传承的大事。在古代，为了实施氏族外的婚配，在一些居住分散而又相对闭塞环境的少数民族中，往往会举行男女集体交往与求爱的节日和活动，来达到繁衍种族的目的。另外，在择偶方面，少数民族对男子的身体状况与劳动能力非常的注重，往往会通过体育竞技来让青年男子充分展示自身的智慧和力量，进而获得姑娘们的青睐，这也是少数民族传统体育起源与发展的一种重要驱动力。很多的少数民族传统体育项目都与青年男女的社交有关，有的甚至就是为了两性的交往。例如壮族的"抛绣球"，维吾尔族和哈萨克族的"姑娘追"，苗族的"跳月"，瑶族的"踏歌"等活动。又如广西壮族自治区的苗族、瑶族和侗族的"射弩"，在古代除了用来传信和防身外，而且还常常被作为青年男女表达爱慕之情的一种信物。因此，最初的传统体育起源与发展和婚恋、种族传承有很大关系。

（二）生产劳动

生产劳动是促进原始体育活动萌生的重要因素之一。在距今有 10 万年前的山西阳高许家窑文化遗址中，考古工作者挖掘出了古人类化石以及数以万计的石器。在这些石器中有 1500 多枚大小不一的石球。据专家们考证，这些石球是当时许家窑人狩猎所用的投掷武器。伴随着弓箭等先进战斗工具的发明和出现，人们的狩猎水平也得到了极大地提高，诸如石球等笨重的武器很少再使用。在这种情况下，石球的功能便开始向娱乐性转化。在距今 4 万~5 万年前的西安半坡人文化遗址中挖掘出了三个石球，这三个石球被放置在一个三四岁小孩的墓葬中，距今约有

7000 年的历史。由此可知，石球已不仅是狩猎的工具和保卫自身安全的武器，同时也被作为一种游戏流传开来。

在古代狩猎中，弓箭是一种重要的狩猎工具。东汉应劭《风俗通义·卷二·封泰山禅梁父》一书中有这样的记载："乌号弓者，柘桑之林，枝条畅茂，乌登其上，下垂着地。乌适飞来，后从拨杀，取以为弓，因名乌号耳"，由此可知，原始人可能是通过发现桑柘一类树木具有弹力，从而发明的弓箭。因此，古代的良弓亦称"乌号"。在原始狩猎时代，"乌号"的发明是一件盛事。恩格斯在《家庭、私有制和国家的起源》一书中明确指出："弓箭对于蒙昧时代，正如铁剑对于野蛮时代和火器对于文明时代一样，乃是决定性的武器。"弓箭的出现，大大提高了狩猎的效率，直至后来，人们学会了种植庄稼和饲养牲畜，狩猎开始成为人们寻求食物的次要方式，弓箭就开始成为人们显示射箭技艺的方式。由此可见，射箭活动开始带有体育的性质。

(三) 健身娱乐

对于人们来说，从事民族传统体育活动最基本和最直接的价值追求就是健身娱乐，在这种目的驱使下，各族人民创造出了多种多样的有益于健康和身心愉快的民族传统体育活动。相较于从生产劳动、宗教祭祀、军事战争中衍生出的民族传统体育模式来说，健身娱乐更多的是源于人们的创造。

古代民间的娱乐活动多种多样，广大民众通过自己的双手和智慧创造出了各种戏曲、舞蹈、杂技以及丰富多彩的民族传统体育，以此来丰富生活，增进身心健康。例如宋代市民十分喜爱踢毽子的体育活动，在当时的临安城就有专门制作毽子的手艺人。明代刘侗在《帝京景物略》中写道："杨柳儿活，抽陀螺；杨柳儿青，放空钟；杨柳儿死，踢毽子；杨柳儿发芽，拓拨儿。"由此可知，当时的民间娱乐健身活动是十分活跃的。这是人们根据自身的娱乐目的、借助一些外部自然条件和其他生产劳动成果或经验而创造出来的。

在体育游戏中，很多儿童游戏得以产生的原因都是健身娱乐需要。相较于成

3

年人，儿童在好奇心、游戏欲和创造力方面要强一些，他们往往能够创造出一些形式活泼、内容新颖的体育游戏。例如备受儿童喜爱的"老鹰捉小鸡"的游戏，在激烈的"老鹰"和"小鸡"的较量中，儿童获得了娱乐身心的效果。又如山东民间的"老虎叼羊"、广西壮族自治区仫佬族的"凤凰护蛋"等儿童游戏，也都是一种对现实生活的联想和创造。总而言之，这些儿童游戏往往是为了满足儿童娱乐玩耍的需求而创造出来的，都具有很好地健身效果。

可以说，人们创造娱乐活动的最终目的就是对娱乐活动的需求。值得强调的是，只有具有身体活动特色鲜明、身体活动能力影响游戏成效的活动，才被称为体育游戏。

（四）教育传承

教育是一种主要的将自身生活经验传承给后代人的主要方式。原始教育最初与生产过程是一体的，也就是在生产劳动实际过程中进行的简单生产技能的传授。

最早的文字（记事符号）、信仰、风俗习惯等都是在氏族公社时期出现的，教育内容也逐渐变得复杂。关于氏族公社时期的教育，毛礼锐在其《中国古代教育史》中提到"氏族公社成员除在生产实践中受教育外，又在政治、宗教和艺术活动中受教育。他们参加选择领袖、讨论公共事务以及宗教等社会活动，利用游戏、竞技、唱歌、舞蹈、记事符号进行教育，利用神话与传说作为材料和手段"。在这个时候，教育是在劳动之外进行的，开始用模拟化的劳动动作代替直接传授劳动技能的活动，并且融入了大量的由人设计的各种动作和活动形式。由此可以推断出原始教育中包含着大量的体育内容，并且这些体育内容带有明显的地域性特征。因此，在各个民族的原始教育中，便包含对各自独特的传统体育内容的学习和利用。

（五）军事战争

自进入氏族公社时期之后，各大势力内部或外部之间为了争夺生存空间或为了复仇，不断地进行战争，这些原始的军事活动也促进了民族传统体育的萌芽。

在历史上很多有关战争的记载中都有关于传统体育的萌芽记载。例如《管子·地数篇》记载："葛芦之山，发而出水，金从之出，蚩尤受而制之，以为剑铠矛戟，是岁相兼者诸侯九"。又如《述异记》记载："轩辕之初立也，有蚩尤兄弟七十二人……与轩辕斗，以角抵人，人不能向，今冀州有乐名蚩尤戏。其民两两三三，头戴牛角而相抵。"从这些记载中大致可知，角抵，即后来的摔跤、角力、相扑等运动最早起源于蚩尤。虽然这些记载不一定是真实的历史，但蚩尤部落改进了原始兵器则是可能的。原始兵器往往是模仿兽角、鸟嘴形状的基础上制造的。伴随着战争规模的扩大和频繁爆发，又出现了石弹、石刀、石斧和石铲等专门武器，以及石或骨制的标枪头和弓用的矢镞等武器。

从很大程度上来说，战争的出现促进了武器和战斗技能的发展，同时也让人们更加重视对战斗人员的身体训练和军事技能训练。例如南朝梁人宗《荆楚岁时记》引刘向《别录》中的记载："蹴鞠，黄帝所造，在练武士，本兵势也"。由此可知，蹴鞠就是一种为了训练将士而被创造出来的一项运动。

(六) 经济活动

在民族传统体育的萌生过程中，经济活动也起到了非常重要的作用。在自然经济时代，由于多方面的原因，散居在山区各村寨的少数民族一般在节日里才会有相聚的活动。许多传统的节庆集信仰、娱乐、社交、经济等多种功能于一体，这些节日是商人们进行交易的大好时期。有些体育活动及其节庆本身就是商人们出于商业活动的需要而创造出来的。例如侗族的"抢花炮"，被称为"侗家橄榄球"，是流行于湘、黔、桂的独具特色的侗族传统文化体育活动。在节庆期间，村民卖掉自己的土特产，同时买回日常生活用品，因此，花炮节促进了人们的经济活动。

(七) 宗教祭祀

在原始社会，由于科学欠发达，人们对自然现象存在恐惧和不理解，懵懂地认为万物有灵。正是在这种情况下，原始宗教得以产生，例如图腾崇拜、自然崇拜和祖先崇拜等，以及在此基础上产生的原始巫术活动，在这些原始宗教中，图腾崇拜和原始巫术对民族传统体育产生了极为深远的影响。

据史料记载，图腾在我国上古时期就已经出现，如鸟、蛇、蛙、虎、熊等多种图腾。关于长江以南广大地区的赛龙舟活动，据说最初也是龙图腾崇拜的一种仪式。闻一多先生在《端午考》和《端午的历史教育》等文中认为，早在屈原投江之前，龙舟竞渡就已经在古越族中盛行了。为表示他们是"龙子"，古越族人有"断发文身"的习俗，而且还有乘着刻画成龙形的独木舟在水中模仿龙的姿态进行竞渡的比赛活动。除了赛龙舟之外，其他一些民族传统体育活动也有龙图腾崇拜的踪迹，例如纸龙、舞龙灯等。

原始人对自然现象的恐惧和不理解是原始巫术产生的直接原因。原始巫术认为自然界与人相互之间可以产生影响。可以通过巫术来祈祷狩猎成功、庄稼丰收、家畜强壮多产等。

在原始宗教信仰出现之后，崇拜祭祀仪式也开始逐渐渗透到人们社会生活的各个方面，在生产劳动与日常生活中都要举行一定的祭祀。当遇到重大的祭日时，往往会举行非常盛大的祭祀仪式，在祭祀中，舞蹈贯穿于宗教仪式的始终，从而促进了原始舞蹈中处于萌芽状态的民族传统体育的发展。在各民族的崇拜和祭祀活动中，由于所信奉的"神灵"不同，因而祭祀中的舞蹈也不一样，譬如自命为"虎族"的彝族，在祭祖时，人们仍要身披"虎衣"，在雄浑的锣鼓声中，模仿虎的动作，翩翩起舞。又如汉族的"傩舞"、白族的"绕之灵"以及傈僳族的"飞舞"等舞蹈都是祭祀中体育活动的典型舞蹈。

二、民族传统体育的历史演变

（一）民族传统体育文化主体的演变

1. 民族传统体育制度方式层面的演变

文化变迁理论认为：在文化变迁进程中，首当其冲的是文化系统的外层，即物质技术层面，所以在这个冲撞的过程中，文化系统的物质技术层面最先破碎。当物质技术层面的东西破碎以后，组织制度便失去了保护层，这时它便首当其冲，经过一个或长或短时间的冲撞，它必然也要破碎，这就是文化的组织制度的改变。民族传统体育文化制度行为方式是指人们在物质生产过程中形成的相互关系及建立在此基础上的社会制度、组织形式和行为规范，包括社会组织、政治、经济制度、道德、法律、各种社会风俗习惯、传统礼仪、社会组织形式、禁忌、民间体育活动规范、民间体育开展形式、民间体育竞赛制度、竞赛规则与奖励方式，以及各民族特定的开展传统体育活动的时间、节日等。

众所周知，在民族传统体育发展初期，它是扎根于民间的草根文化，偏重的是以一种自发的、松散的原始信仰的祭祀活动，通过各种动作来表达图腾，以示对祖先的崇拜、对万物之神的敬仰，以此来取悦神灵，祛除人世间的灾难，保佑人畜平安、五谷丰登。在祭祀活动过程中，或多或少地掺杂了许多原始的、落后的、迷信的成分，甚至一些迷信和不健康的因素也常常被当作"突出的"民族特点。1994 年成立了教育部中国大学生体育协会民族传统体育分会，1999 年又在分会下设立了"大学生少数民族传统体育专业指导委员会"；2005 年组建中国少数民族体育协会第 1 届院校民族传统体育委员会，这标志着民族传统体育进入学术殿堂，形成了各项工作有专门的学会和学术团体负责的良好局面。譬如，针对项目运动规范性方面，国家民族事务委员会（简称，国家民委）、国家体育总局就不断地组织专家对部分项目的运动规范进行了修订，对场地器材、比赛方法、违反规则与判罚、名次排定等都做了详细规定，使民族传统体育运动多了一些合理的现代体育成分，少了一些宗教迷信元素。如今的民族传统体育制度层面的流变与发展初期相比，已有相对大的改观，逐步向更加规范化、科学化、竞技化方向迈进。

2. 民族传统体育器物层面的演变

奥格本在《社会变迁－关于文化和先天的本质》一书中指出："现代的许多变迁都起源于物质文化，物质文化变迁又引起文化其他部分的变迁。人们认为，由于某些独特的力量和原因，非物质文化比物质文化变迁扩散得慢。因此在很多情况下都是物质文化变迁在先，所引起的其他变迁在后。"

民族传统体育器物层面是民族传统体育文化中最为活跃的部分，是民族传统体育文化的橱窗与标志，主要包括运动项目、运动器材器械及设备、体育服饰、体育书籍、体育象征物，以及雕塑、壁画、出土文物等几个部分。在977种民族传统体育项目中，有相当一部分项目在其完成过程中需要借助于一定的器械、器材来进行。如弹弓、刀、枪、弓、箭、镖、叉等，虽然这些器械用品大多是生产、生活用具，可就地取材自制而成，不需花费很多的财力和物力，但这些器械、器材都是中华民族的祖先在生产劳动过程中创造，又经历代人改进，不断发展和完善起来的，是人类的一种文化创造，凝集了无数人的智慧，是文化的活化石。如今，民族传统体育项目在技术层面借鉴现代体育的基本原理和保持传统特色的基础上，正在实现新一轮改造和创新，变得更为精确、规范和有效，已经成为一种既能体现民族文化特色，又充分体现时代特色的现代先进的民族体育文化的形式。例如：在第8届民运会上，云南代表团22位男女青年共同表演的"嘎诺傣"压轴登场。"嘎诺傣"意为"飞翔的孔雀"，然而这支孔雀舞却有些"另类"，一只只"孔雀"的脚下踩着滑轮，随着轮子的缓缓滑动，其舞步更为流畅。可以说，"嘎诺傣"将传统的徒手孔雀舞、架子孔雀舞和现代孔雀舞融为一体，很自然地把现实生活的感情融于表演中，摒弃了一些已不适合的动作并有所创新。第9届全国少数民族传统体育运动会上，一些项目的器械有所创新，如"独竹漂"标准化的器材，其材料采用纯玻璃纤维编织物及钢模压制制作工艺，极大地促进和启发了民族传统体育在保持传统特色的基础上，实现物质层面上的革新和创造。民族传统体育器物层面的流变不仅在运动会竞赛场面可以一览无余，在其他地方如学校、景区更是突出。

3. 民族传统体育精神层面的演变

精神文化是一个民族在长期的生存与发展过程中形成并不断发展的，渗透在民族共同的文化、性格、思维、情感和心理中的，为本民族大多数成员认同和追求并体现在其行为和实践上的意识形态、思想观念、思维方式、价值体系、性格品质、审美情趣和精神风貌等的总称，是为人们所尊奉并指导其行为和实践的主导性思想原则，也是反映民族共同的世界观、人生观和价值观的一种积极的精神特质。它是文化的核心、灵魂，是不同类型文化的标志，它居于文化结构的内层，是最稳定、最保守的层面。对于任何民族而言，精神文化都是其社会精神生活中活的灵魂，它体现着民族的精神面貌，渗透到民族社会精神生活的各个层面，在其中起着引导的作用，但又往往不以独立的形态显现出来。

纵观我国民族传统体育文化，它是长期在相对闭关自守、与世界文明隔绝的环境下形成和发展起来的。但随着社会由传统向现代转型的完成，当民族传统体育的生存环境已经发生了很大变化，各种文化共生、交融，新的观念、文化不断涌现时，必然会对实践民族传统体育运动的人在思想、价值和心理活动以直接影响，引起内心深处的激荡与冲突，从而导致在世界观、价值观、人生观的深刻变化。多元文化价值观的并存，极易使人们由于良莠难辨而出现困惑和迷茫。具体来说，民族传统体育在精神价值层面就徘徊在是否摆脱传统的民俗观、道德观乃至宗教观，而引进当代先进的体育价值观；是坚持原生态保留传统，还是积极应对自身进行整合等矛盾交锋之中。然而，在实践上，民族传统体育的主流意识、精神追求，确实在改变了以往注重古老的祭祖、驱灾、祈年仪式和崇拜的神灵仪式过程中，淡化了其"交游"的性质，而把经济发展、娱乐健身、实现民族团结、民族认同的目标等置于活动的首位。

（二）民族传统体育文化载体的演变

1. 由传统节日向多元节日演变

民族节日是一个民族在长期历史发展中形成的、具有一定意义的，以特定时间、特定地域为时空布局，以特定主题为活动内容的一种社会文化现象。民族节日荟萃了民族传统和习俗的精华，是了解民族生活方式的窗口，是研究地域文化的一把钥匙。

以往许多民族传统体育活动往往源于民族某一农时节令,并在该节令中开展,因此,针对性、局限性很强。据调查得知,大多数民族传统体育活动都有自己固定的传统节日,夸张地说,甚至可以把一些民族节日与其所属民族画等号。例如:那达慕大会=蒙古族,泼水节=傣族,藏历年=藏族,火把节=彝族,歌圩=壮族,雪灯节=藏族,摆手节=土家族,西迁节=锡伯族,老人节=朝鲜族,唱哈节=京族,等等,这些节日,分别是这些民族所独有的。拿云南省的少数民族来说,5000 人以上的少数民族共有 25 个,其中 23 个有自己的传统节日,每一个节日中都有相应的民族传统体育活动。如云南彝族的火把节,每年的农历六月二十四至二十五日,彝族同胞开始点火把进行歌舞、摔跤、斗牛等项目表演。再如:蒙古族的传统节日“那达慕”盛会上,摔跤、赛马、射箭三项竞技是必不可少的内容;藏族在藏历年和“望果节”都要举行角力、投掷、拔河、跑马射箭、赛牦牛等体育活动;傣族“泼水节”划龙舟;瑶族“六月六”游泳;侗族“三月三”抢花炮等,都已成为传统。但随着社会转型和文化变迁,民族传统体育传承空间的依附载体逐步在流变,民族传统体育的发展找到了多元化文化传承空间载体,即由依赖单一传统民族节日向依赖多元化节日转变。经济发展促成了多元化节日的出现,多元化的节日带来了丰厚的经济效益。如今,多元化节会已经是我国民族传统体育存在和发展的主要方式与途径,它对促进民族传统体育的繁荣发展起到了积极的作用,成为超越时代存在的一种民族文化符号,成了民俗文化最为活跃的资源,成了民族地区全民健身和精神文明建设的重要手段。由此可知,经济发展外部环境的变迁促使民族传统体育项目的传承方式发生了变化,但这种变化不是一种取代而是一种文化融合。

2. 依存于非物质文化遗产

如今“非物质文化遗产”已经成为我们抢救、保护传统文化的主流话题,成为学术研究的热土。正是在这样的社会背景下,几千年来一直淹没于广大民间、默默无闻的民间草根文化“忽如一夜春风来”,显示出“民族文化基因”的崇高价值,并得到了主流社会意识形态的高度认可与支持,被整合成为整个民族、国家的文化象征与身份标识。毋庸置疑，非物质文化遗产是中华民族世代相传的文化财富，也是我们发展先进文化的精神资源与民族根基，是国家和民族生存、发展的内在动力。随着科学理性和工业文明的全球推行，我们现今赖以生存的文化生态已经发生了天翻地覆的变化，众多传统文化赖以生存的文化空间已经时过境迁，这一变迁对传统文化传承提出了挑战。全国原政协委员冯骥才说："我感到，眼下的中国，几乎每一分钟就有一种民族文化在灭亡。"而灭亡的民族文化正是我们的"根"。正如原文化部长孙家正在《中国非物质文化遗产保护成果展》的题词中所言："当历史的尘埃落定，一切归于沉寂之时，唯有文化以物质的或非物质的形态留存下来。它不仅是一个民族自家认定的历史凭证，也是这个民族得以延续，并满怀自信走向未来的根基和智慧与力量之源。"这一评价对于一直处于社会底层文化圈的非物质文化遗产来说不仅仅是一种至高的荣耀，更是其社会价值和文化意义被重新审视的重要转折点，这充分表明政府、国家对待民族传统文化遗产的态度和巨大决心，有意将其变成民族国家的文化象征符号。

为了保护人类文化的多样性和可持续发展，联合国教科文组织提出了《保护非物质文化遗产公约》，其"基本态度是'文化环保'，是尽量保护各种文化传统，特别是小传统的原生状态，以免人类文化的多样性在全球化过程中逐渐消失"。为了实现与世界及国内发展趋势的对接，2004 年 8 月，我国加入联合国教科文组织《保护非物质文化遗产公约》。民族传统体育作为我国宝贵的非物质文化遗产，是中华民族精神文化的重要标识，蕴含着民族特有的思维方式、想象力和文化意识，承载着国家或族群文化生命的密码，它是文化生命创造力的展现，也是体现世界文化多样性、维护国家文化身份和文化主权的基本依据。正因为如此，文化意蕴丰富的民族传统体育项目的发掘与整理工作得到了国家文化部、民委、国家体育总局等政府部门的高度重视。秧歌、龙舞、狮舞、少林功夫、武当武术、回族重刀、沧州武术、太极拳、邢台梅花拳、土家族摆手舞、朝鲜族跳板及秋千、达斡尔族的传统曲棍球竞技、蒙古族的搏克等许多少数民族传统体育项目被列入第一批国家级非物质文化遗产名录，第二批国家级非物质文化遗产名录列入了 50 多项民族传统体育项目，同时，各省市也积极地投入申报民族传统体育非物质文化遗产的大浪朝中。这种"申遗"热，一方面反映了申遗对民族传统体育的传承与保护创造了良好的国内及国际政策环境，对于民族传统体育项目文化内涵的凝练与提升，必将起到不可估量的作用；另一方面也拓展了民族传统体育项目的文化空间，产生新的"增长点"。

3. 与旅游经济的联袂

随着人民生活水平的日益提高，人们对精神生活的需求日趋旺盛。参与和观赏各种民俗文化活动已成为现代旅游的一个重要组成部分，其发展势头可观。而独具特色的民间文化风俗、魅力十足的民间体育节庆则逐渐成为吸引旅游者的亮点。譬如青海大通县的赛马会、陕西安塞地区闻名世界的腰鼓、湖南岳阳地区的赛龙舟，以及西南地区一些少数民族通过将传统体育活动开发为参与型或观赏型的旅游项目，极大地吸引了海内外旅游者的目光，丰富了当地的旅游产品；宁夏回族自治区旅游部门针对宁夏丰富的体育旅游资源，开辟了包括滑沙、龙舟赛、沙地越野摩托赛等在内的多条体育旅游线路；步入黔东南地区的苗乡侗寨，可以观赏美丽奇特的民居建筑，还能亲眼看见节日期间的摔跤、斗牛、赛龙舟、轮子秋等精彩壮观的民族传统体育表演；到西双版纳傣族地区过泼水节，可观赏到山明水秀的自然风光，还可看到龙舟竞渡的壮观场面；在世界屋脊的青藏高原，游人可参观到独具风格的藏族建筑、绘画、体育、歌舞；漫游新疆，可以观看到热烈勇猛的赛马、叼羊及富有民族生活情趣的"姑娘追"等体育活动，还可以亲自骑上骏马，驰骋于草原与沙漠上，体验古代丝绸之路的文明气息。体育民俗文化及各民族节庆体育活动的原生态性质符合旅游者的尚古意识，通过参与和观赏可使游客体验到原汁原味、主题突出的民族、民俗体育风情。如今我国许多富有民族体育活动特点的节日集会，如彝族的火把节、蒙古族的那达慕大会、侗族的花炮节、瑶族的达努节、苗族的龙船节等，已成为发展民族地区旅游业的重要资源。这些资源依托重要的自然风景旅游区，为民族传统体育的开展提供了资源基础，民族传统体育与旅游景点的依附成为西部地区经济的增长点。旅游经济是最具带动功能的"绿色经济",旅游产业是充满生机与活力的"朝阳产业",以体育促旅游、以旅游兴民族体育,为民族传统体育传承开辟一条新路子,是当今民族传统体育流变中最为突出的特征。

4. 进入学校教育

学校是体育的摇篮,是民族传统体育现代化的孵化器。教育部颁布的《全国普通高等学校体育课程指导纲要》在体育教材的选编原则与要求中明确指出:"汲取世界优秀体育成果与继承我国民族传统体育相结合。要注意体现教材的时代性、多样性,并要充分体现教材的民族性和中国特色。"《基础教育课程改革纲要(试行)》强调:"学校在执行国家课程和地方课程的同时,应视当地社会、经济发展的具体情况,本校的传统和优势、学生的兴趣和需要,开发或选用适合本校的课程。"在这些政策的指引下,有特色的地方课程改革一度成为教育改革的最大热点之一。其中校本课程的改革为学校自主开发民族传统体育课程提供了制度保障,改变了学校民族传统体育一直处于边缘化的地位,使一直徘徊在学校之外的民族传统体育找到了方向。众所周知,西方竞技体育,尤其是奥林匹克运动能在全世界有今天这样的地位并不是偶然的,它能在近百年间席卷全球,传播、渗透到世界的每一个角落,其强势和优点不言而喻。相比之下,民族传统体育作为一种融竞技、健身、娱乐于一体的优秀传统体育资源,只要符合现代社会发展的需要,定有自己的发展优势。在 977 项民族传统体育项目当中,有的较为普及、有的地域性强、有的局限于本民族,有的简单、有的烦琐,有的难度小、有的难度大,有的属于个人项目、有的属于集体项目,情况千差万别,打破了以往体育课"千人一面"的格局,已成为我国各级各类学校体育课程资源改革的理想选择方式。如顶花罐、打陀螺、踩高跷、大板鞋、跳房子、推铁环等进入了许多学校的校本课程,并在不同的省市、不同的地区和不同的学校,形成了不同的重点和特色。由此可以预见,依附学校传承、发展与普及是民族传统体育发展不可逆转的趋势,学校是今后民族传统体育名副其实的传承空间和阵地。

5. 依附于运动会

举办少数民族运动会，不仅是抢救、保护、弘扬民族文化的有效的途径，也是振兴我国民族文化的重要举措。我国已把少数民族传统体育纳入国家性质体育赛事中，定期举办少数民族传统体育运动会和单项运动会，并形成了制度。这类运动会与其他体育运动会的不同之处在于，除设置具有现代竞技特征的民族体育竞赛项目外，还设置大量具有丰富民族风格与地域特色的体育表演项目，使各个少数民族的传统体育活动都能登台表演，汇聚一堂，彰显出中华民族传统体育繁花似锦的绚丽光彩，极大地调动了各族人民继承、发展本民族优秀体育文化的积极性。随着全国少数民族体育运动会的不断举办，参赛运动员的不断增多，设置的比赛项目逐届增加，运动会的规模和影响逐届扩大，现已逐步成为全国各民族大团结的体育盛会和推进世界体育文化多样性发展的典范。首先，从近几届全国少数民族传统体育运动会的项目设置来看，表演项目在逐年增多，从第 2 届的 68 项增加到第 9 届的 188 项。其次，竞赛项目也出现了同步增长，从第 1 届的 5 项增加到第 9 届的 16 项。一方面说明了少数民族传统体育运动会的举办，不仅使少数民族群众自觉、自发、主动开展本民族的传统特色项目，而且还跨越了民族界限；另一方面说明了民族传统体育项目依附运动会的趋势越来越突出，运动会已经成为少数民族传统体育发挥重要作用的舞台。除了全国少数民族运动会以外，各省市都有自己的民运会，为本地区、本民族传统体育项目传承搭建舞台。虽然依赖运动会的流变形式没有质的变化，但从量上可以得知，民族传统体育传承空间依赖民运会的趋势在增强。

（三）民族传统体育功能与价值的演变

1. "自发性"的活动到活动的"自觉性"意识的转变

自发与自觉是标志人们对自己社会活动的意义是否理解以及理解程度的一对范畴。自发是指人们在社会活动中被历史必然性所支配，不能预见自己活动的后果；自觉是指人们在社会活动中在一定程度上理解了自己活动的意义，并且具有较明确的目的性和计划性。当人们还没有或没有完全认识、掌握和利用某客体的功能时，其活动往往是自发的、盲目的、涣散的；当人们认识和掌握了客观规律并自觉地进行有计划、有目的的活动时，该客体的功能才具有"自觉性"。价值重构就是主体对客体功能利用的自觉性转变。

文化现代化的变化是大势所趋、历史的必然，少数民族性格的变化和价值意识的重构也必然会出现。同时随着经济价值意识的凸显，民族传统体育开始与旅游文化的联姻，产生利用文化产业化发展来赚取利润的文化经济发展的新思路。总之，从"自发"到"自觉"是人类文化发展的重要特征和共同途径，民族传统体育的发展同样呈现出这一特征，遵循这样的途径，随着社会进步，各民族或迟或早，或快或慢，都会放弃因循守旧、抱残守缺的落后文化意识而进行交流学习，进行文化价值意识重构。

2. "单一化"向"多元化"功能泛化

一个民族的文化，绝不仅仅具有一种符号象征的意义，而是民族存在的内在基础，是维系民族生命的根本。民族传统体育文化的生存发展是一个动态平衡过程，在几千年的历史发展演变过程中与多种文化形态相互渗透，随着政治、经济、文化的变化而发展变化，它需要与时代变化的韵律合拍，不断调整自己的内部结构，适应社会的发展要求。虽然民族传统体育在萌发早期，就已包含着健体强身、表达欲愿、竞技获食、娱乐审美等显著的诸多功用，但在民族社会生活中一个相当长的历史时期里，神灵信仰以及多种宗教意识成为少数民族的文化核心，并以自己独特的文化形态在社会生活中占据了重要的位置，在各个民族的宗教领域里扮演着代人祈神、替民驱鬼的复杂角色。随着人类社会的转型、文化的变迁以及和多民族文化的相互交融与渗透，民族传统体育的功能已经逐渐脱离以祈神为中心、为悦神而存在的缝隙狭道，转而向多途并进、向多元化的方向发展，衍生出健身功能、经济功能、教育功能、表演功能、竞赛功能、观赏功能、娱乐功能以及政治功能等。也因其功能的多元化而促使民族传统体育渗透于社会各个角落和各个层面，进而推动着民族传统体育向多样化方向迈进。

第二节 民族传统体育的发展现状

我国民族传统体育的发展现状主要体现在两个方面，即民族传统体育理论建设和民族传统体育项目的发展。

一、我国民族传统体育的理论研究现状

我国民族传统体育有着非常悠久的历史，发展至今，已经形成了一套庞大的理论研究体系。研究我国民族传统体育理论建设发展现状，并对民族传统体育自身发展的特点、原则、规律和影响因素等进行总结和归纳，能够在我国民族传统体育各运动项目发展中提供一定的科学指导，从而为我国民族传统体育事业的发展提供重要保证，保证其发展的科学性和可持续性。

（一）我国民族传统体育历史文化研究

1. 研究背景

经过长期发展，我国民族传统体育在发展过程中也逐步形成了丰富的文化内涵。它不仅仅是一项体育运动，也是我国民族文化的重要组成部分。在发展过程中，不同历史阶段的文化形态也有所不同，而不同的文化形态都会对当时民族传统体育的发展产生深刻影响。

在长期发展中，我国民族传统体育都汲取了各个历史时期的文化因素，特别是受到封建社会的小农经济、等级制度、儒家思想、宗法制度、道家学说等因素的影响，这些因素对我国民族传统体育的发展产生了深远影响。所以，对我国民族传统体育的发展与历史文化的关系进行研究是理所当然的，这也是由我国民族

传统体育的文化性和历史性所共同决定的。

2. 研究现状

通过研究我国民族传统体育历史文化，可以使我们更好地、更深刻地认识我国民族传统体育的内涵和价值，对我国民族传统体育事业的发展具有重要意义和作用。国家体育总局武术研究院编著了《中国武术史》，随后，许多学者都开始致力于对我国民族传统体育的研究。目前，我国学术界已经出版了一批关于民族传统体育的研究成果，如《民俗学概论》《中国少数民族文化通论》《中国古代体育史》《中国武术文化概论》《中国武术——历史与文化》《武术学概论》《传统体育与传统文化》和《云南少数民族传统体育的起源与发展》等，这些学术著作大都对民族传统体育进行了动态的研究，充分体现出了我国民族传统体育所具有的历史悠久、分布广泛、种类繁多、受风俗人情和地域影响较大等特点，并在此基础上构建起了较为系统和完善的民族传统体育理论体系。

由于我国民族传统的历史和文化受到众多因素的影响，并且这些因素涉及诸多方面，因此，研究我国民族传统的历史和文化存在着一定的难度。近年来，随着我国学术界对民族传统体育的理论研究范围逐步扩大，所有与社会历史和社会文化有关的因素都有可能对我国民族传统体育的性质、特征、发展规律等产生影响。实践研究表明，研究我国民族传统体育的历史和文化能够在很大程度上丰富了我国民族传统体育理论体系建设，同时在对我国民族传统体育在历史中的地位、扮演的角色、体现的社会价值，以及发挥出的各种作用进行挖掘方面具有非常重要的意义。

(二) 我国民族传统体育理论体系结构的研究

1. 研究背景

与其他相对独立的学科一样，我国民族传统体育理论体系也具有一定的结构。构建学科理论体系框架既可以确定本学科的研究对象、涉及范围，又可以指导本学科的理论建设，我国民族传统体育理论体系结构的建设也同样如此。从某种层次来看，我国民族传统体育理论体系框架所规定的内容，可以充分反映我国民族传统体育的特征和本质，并对本学科的范畴和性质进行诠释，从而极大地促进我国民族传统体育的发展。

2. 研究现状

对于我国民族传统体育理论体系结构的研究，目前，国内学者大致从以下三个方面对其结构进行了划分。

(1) 对我国民族传统体育理论的基础研究，主要是针对民族传统体育的起源、分类、特征和功能等进行的一系列研究，它是从我国民族传统体育学知识体系中不断分化出来的学科内容。

(2) 对我国民族传统体育理论的应用研究，主要是针对我国民族传统体育的现代化与市场关系、民族传统体育本身与国际体育关系等进行研究，它是在与民族传统体育学的发展相结合的基础上，对民族传统体育发展实践中的某些问题和涉及领域进行研究而形成的学科。

(3) 对我国民族传统体育的跨学科研究，主要是针对我国民族与传统体育的文化学、经济学、武术养生学、运动医学等进行的研究，它是以对我国民族传统体育理论进行的基础研究为基础，并在对我国民族传统体育理论进行应用研究的过程中形成的民族传统体育与其他学科的交叉性和拓展性学科。

3. 研究中存在的问题

目前，我国民族传统体育理论体系研究还处于较低层次，理论体系框架的构建还处于萌发阶段，研究过程中存在的问题，主要有以下几个方面。

(1) 研究范围较小，研究对象也相对较少。其研究主要处于民族传统体育的基础研究层面，如民族传统体育的概念、历史发展、种类、内容、特征等。而对我国民族传统体育的应用研究较少，仅仅是对一些民族传统体育文化与经济等问题进行了比较浅显的探讨，缺乏深层次研究。另外，在对我国民族传统体育的跨学科研究方面，所涉及的学科较为单一，涉及的项目单一，主要是武术文化学，这在很大程度上反映了我国民族传统体育学科体系建设的不健全。

(2) 研究队伍较为薄弱。目前，民族传统体育仍然是一个新兴学科，高校教师和国家体育总局的工作者是从事该方面研究的主要人员，尚未形成相对稳定的学术团体，也没有与民族传统体育相关的专业传播活动。我国民族传统体育理论体系的构建尚处于初步发展阶段。因此，在今后的发展过程中，还需要大力加强民族传统体育研究队伍的建设。

（三）我国民族传统体育其他理论研究

1．对民族传统体育的内容与分类研究

目前，许多学者对我国民族传统体育的内容和分类进行了研究。他们在研究过程中，所选择的参照物具有较大差异，主要有地理分布、项目的数量、项目的比重、价值功能等。因此，我国民族传统体育的内容与分类有着多种多样的格局，这也在一定程度上对我国民族传统体育学科的理论研究和项目发展起着积极的促进作用。

2．对民族传统体育的现代化研究

事物的发展离不开科学理论的指导，事物发展变化过程中，其周围环境也在不断发展变化。所以，要想使事物本身得到更好的发展，就必须使其适应不断发展变化的客观实际。我国民族传统体育是特殊历史条件和社会发展下的产物，而在科技高速发展的现代社会，要想促进我国民族传统体育的进一步发展，就必须进行现阶段与长期发展相结合的可持续发展的战略研究。

我国政府历来十分重视各民族的发展和繁荣昌盛，将我国民族传统体育事业的发展作为体育工作的重要内容，高度重视民族传统体育与社会、经济、文化的共同发展。如今，以民运会为标志的各民族传统体育运动项目的大融合，为我国民族传统体育事业积极稳定的发展提供了良好的条件和有力保障。同时，民运会的健康和快速发展也促进了我国民族传统体育事业的发展。

从目前来看，我国民族传统体育正处于稳步发展的阶段，在今后如何较好地

为民族传统体育事业制定未来的发展策略和政策，将民族传统体育事业的发展融入我国社会主义现代化建设的事业中，成为发展我国民族传统体育事业亟须研究和解决的重要课题。

3. 对民族传统体育的社会学研究

体育人文社会学科是一门专门研究体育与人的关系、体育与社会关系的学科。在对我国民族传统体育进行研究时，应充分运用人文社会学的理论知识解释民族传统体育的各种现象，可以为我国民族传统体育在现代社会的发展提出科学的理论指导，对改善现代化背景下民族传统体育的制约因素、完善良好的发展模式具有重要意义，对进一步实现我国体育事业的科学决策，建立相关制度有着积极的促进作用。

对我国民族传统体育的社会学研究属于跨学科研究，它以体育人文学科理论为基础，重点研究我国民族传统体育作为一种有特色的体育运动以及人与社会的相互关系，特别是对我国民族传统体育在特定的社会时期内对人的社会价值观的形成和影响所起到的作用进行研究。目前，我国民族传统体育的社会学研究尚处于起步阶段，还需要不断的努力，要充分挖掘民族传统体育的深刻内涵。

4. 对民族传统体育的比较性研究

唯物辩证法认为：事物之间具有普遍联系。特别是在体育一体化发展的今天，任何一个体育项目都不可能摆脱其他因素的影响而孤立存在。我国民族传统体育是具有中国特色的体育运动，它的发展同世界其他体育运动的发展有着一定的关系，因此，对我国民族传统体育进行比较性研究具有非常重要的现实意义。

目前，我国一些民族传统体育工作者就民族传统体育与其他体育进行了比较性研究，他们通过对中西方体育项目的特点、内容、价值、功能、传播方式和发展规律等进行对比，来对中西方体育的不同特点和优势进行归纳和总结，目的是通过借鉴西方体育的发展优势，来丰富和完善我国民族传统体育的认同和建构，从而间接地促进我国民族传统体育的不断发展。

二、我国民族传统体育项目发展现状

我国民族传统体育项目内容丰富、种类繁多，并且每一个项目都有其独特的理论，这些项目的理论建设能在一定程度上推动我国民族传统体育项目的发展。可以说，无论是单个民族传统体育项目研究还是民族传统体育宏观理论体系，或者是民族传统体育的历史研究、比较研究，还是跨学科研究、发展战略研究等，这些都为民族传统体育项目的发展提供了理论导向，对民族传统体育教学项目、娱乐项目、健身项目、表演项目和竞技项目等实践内容给予了丰富和发展。

(一) 健身娱乐类项目的发展

在我国民族传统体育发展初期，各种运动项目基本上是以休闲、健身为主。经过一段时间发展，诸多的民族传统体育项目，特别是具有较强健身价值、娱乐功能的项目，顺应了历史和社会发展潮流，逐渐融入广大人民群众的日常生活之中。由于我国幅员辽阔、区域经济差异较大，民族众多、传统体育项目地域分布较广，因此，各地区、各民族的健身、娱乐类传统体育项目的活动形式、社会地位和发展状况也存在着很大差异。其中，民族传统体育中健身、娱乐类项目又可分为以下几类。

1. 以节日、集会为主的项目

此类民族传统体育项目主要以集会活动和参加各种节日活动为主，内容丰富多样、影响广泛，多用于增添愉悦情绪、营造节日气氛。该类民族传统体育项目主要包括潍坊的风筝节、苗族的拉鼓节、蒙古族的那达慕大会、温县国际太极拳年会、地方和全国性的舞狮大会等。

2. 大众流行的健身娱乐项目

此类民族传统体育项目的主要目的是休闲娱乐和大众健身，具有动作简单、易掌握，设备要求低，不受时间和空间限制，易于推广等特点，多在普通社会大众之间开展，是我国民族传统体育项目在社会发展中的主要内容，也是我国实施全民健身的良好素材。此类民族传统体育项目主要有跳绳、放风筝、中国象棋、中华养生术等。

3. 以地域发展为主的项目

此类民族传统体育项目具有地域性的特点，比较符合当地的风俗传统，具有浓厚的民族特色，但不具有普及性，只局限于某一地域或某些地区范围的少数民族群众中开展。此类民族传统体育项目主要有壮族的拾天灯、蒙古族的叼羊、苗族的爬花竿等。

4. 以地方协会为组织的项目

此类民族传统体育项目主要由地方协会组织，它是由社会不同团体成员有组织地进行的各种活动，属于社会活动形式的一种。其目的是健身、娱乐、巩固团队成员之间的关系。该类民族传统体育项目主要有武术协会开展的武术交流大会、围棋协会开展的围棋比赛、登山协会开展的登山旅游活动等。

(二) 竞技和表演类项目的发展

我国民族传统体育主要以娱乐性和健身性为主，但经过长期发展和演变，以及在社会各种因素和西方竞技体育的影响下，我国民族传统体育也逐渐具有了竞技性，这就使得部分民族传统体育项目逐渐走向了竞技行列。由于受国际体育竞技化趋势的影响和奥林匹克"更快、更高、更强"宗旨的启发，一些民族传统体育逐渐发展成为与西方体育模式相近似的竞技类体育项目，其中一些民族传统体育项目甚至走进了组织较规范、竞技性较强的现代化体育运动会。

目前，我国政府对民族传统体育事业的发展给予高度关注和重视，除了制定和实施一系列有利于发展民族传统体育的政策和措施外，还组织一些具有较强竞技性和较高表演价值的民族传统体育项目进入各种类型的运动会，有的民族传统体育项目还设立了专门的运动会，如全国舞龙舞狮比赛、全国武术套路和散手比赛、全国大学生武术比赛、武术表演大赛以及其他形式的邀请赛、对抗赛、争霸赛等。经过长期发展和完善，我国民族传统体育项目中也开始出现了一些新的竞技比赛，如全国散手比赛，太极拳推手比赛、国际武术比赛等。此外，经过相关部门的不断修改和制定，各项目竞赛规则日益完善、比赛成绩的量化客观评判日益成熟，这些竞技类项目的发展为我国武术事业以及民族传统体育的发展起到了极大的促进作用。北京奥运会的成功举办，为我国传统武术的发展带来了新的机遇和挑战，我国传统武术开始迈向国际体育盛会行列，吸引着国际体育人士的广泛关注。

由于受到各种因素的影响，我国以表演和竞技为主的民族传统体育项目的训练任务主要集中在我国各省区专业队、省市竞技体校、院校表演队和省市民族传统体育项目训练基地。除了传统武术竞技项目有较为系统的训练体系外，其他民族传统体育项目的专业性训练则还需要做很多的工作。所以，我国民族传统体育项目的专业训练还需要进一步发展和完善。目前，在我国民族传统体育项目中，舞龙、舞狮和传统武术的专业化训练体系发展较为完善，而其他项目，如珍珠球、秋千、赛马、打陀螺、木球、射弩等则很少涉及。因此，必须改变以传统武术等少数项目为主的尴尬局面，改革和挖掘具有竞技性的民族传统体育项目，使我国民族传统体育中的各个项目建立起完善的训练体制，使各个民族传统体育项目在保留民族特色的基础上能适应当前的竞技化比赛，促进民族传统体育的竞技化发展是非常必要的。

第三节　民族传统体育的发展趋势

在新时代背景下，民族传统体育的发展要与当下发展形势相接轨，要在科学发展观、人才发展观、文化发展观、全民健身观和产业化发展观下取得更好的突破与进展。

一、科学发展观下民族传统体育的发展

科学发展观是我国开展各项事业的重要理论指导，在民族传统体育发展过程中也应坚持科学发展观。坚持科学发展观不仅是我国发展民族传统体育的客观要求，也是使其融入我国社会主义现代化建设的必然手段。只有在科学发展观的指引下，民族传统体育各项工作才能顺利开展。

在我国民族传统体育项目中，武术和健身气功等项目的发展较为显著，值得其他项目借鉴和学习。以我国民族传统体育项目中武术项目的发展为例，20世纪80年代后，武术项目受到政府的高度重视和大力支持，武术在科学研究和人才培养方面均取得了巨大成就，已逐步走上了科学化发展道路。而纵观我国整个民族传统体育，其科学化发展只停留在少数、单一的民族传统体育运动的范畴和层次，这无法从根本上推动和促进我国民族传统体育的整体性发展，而民族传统体育是一个有机和统一的整体，因此，在未来一段时期内，我国民族传统体育的发展应注重统一性和同步性发展，应更加注重与我国当前社会发展的国情相适应，与当前我国民族传统体育理论建设、文化建设、市场发展、人才培养和国家相关政策等紧密结合起来，并根据自身发展的实际情况，在实现我国社会主义事业全面发展的基础上实现自身整体性的科学发展。

二、文化发展观下民族传统体育的发展

正确认识民族传统体育文化的内涵及价值，有助于从整体上把握民族传统体育的发展走向。从我国民族传统体育的发展历史来看，民族传统体育文化伴随着民族传统体育而诞生，并在民族传统体育的产生、发展与形成过程中，逐渐发展成为人们的一种本能反应，如宣泄感情、劳动形式、战斗技能和娱乐休闲等。与此同时，民族传统体育文化还包含并折射出中华民族在不同社会发展时期的政治、经济、文化、艺术和宗教等特点，且这一文化还会受到相关文化因素的影响，因

此，研究民族传统体育的发展，就不能抛开对民族传统体育内在文化价值的研究。

　　随着社会由自然经济、工业经济过渡到现在的知识经济时代，体育娱乐化、健康化和人文化逐渐成为当今体育舞台的主导趋势，民族传统体育的功能及价值发生了转变与转型，认识到这一点，是民族传统体育在新的历史形势下谋求发展的重要前提，因此，现阶段民族传统体育应在吸收和借鉴优秀文化传统的基础上结合自身实际走出一条适合自己发展的道路。

三、人才发展观下民族传统体育的发展

　　国家之间未来的竞争归根结底是人才的竞争，故必须要抓好人才的教育和培养，教育水平如果得不到提高和发展，就会影响社会各类人才的培养。目前，我国实施的"科教兴国"战略，就是把教育对人才的培养和发展放在一个重要的地位。近年来，我国教育取得了很大成绩，少数民族地区以及我国西部偏远地区的教育获得了较大的发展，并为促进本地区的发展做出了重要贡献，但与我国东部沿海等地区相比，仍然存在着不小的差距。这种差距在很大程度上影响着我国少数民族地区学校体育的发展。实践证明，教育发展跟不上就会导致人才发展的失衡和流失，也影响了民族地区传统体育运动的发展。

　　教育是民族传统体育发展的保证，能培养出一大批专业人才，从而更好地推动民族传统体育的发展。因此，在未来的发展中，以教育为基础的人才发展观的确立，无疑将成为民族传统体育发展的中流砥柱。民族传统体育的发展将更加注重人才的培养。

四、产业化发展观下民族传统体育的发展

　　随着经济社会的发展，体育的产业化发展水平逐渐提高，民族传统体育也向着产业化的方向发展。很多学者认为，实现民族传统体育更好的发展，则其产业

化是重要的手段。现阶段，我国的民族传统体育处在初级阶段，民族传统体育产业化发展的形式多样，如表 1-1 所示。

经过不断探索，各种民族传统体育项目赛事的举办都获得了巨大成功。尤其是以地方文化和武术发源地为中心举办的各式节、会成绩斐然。这些节、会集武术活动及旅游经贸于一体，以传统民族体育为主要活动形式，以经济活动和文化交流为主要内容，既推动了我国传统民族体育项目的发展，又加强了这些地区和外界的经济、技术等方面的交流与合作。尤其是武术项目在产业化道路上的探索与发展，成为其他民族传统体育项目的产业化发展的成功范例。

表 1-1　民族传统体育的产业化发展主要形式

主要形式	成功案例	发展效益
民族传统体育赛事	中美功夫对抗赛、散打王争霸赛、中法功夫对抗赛、中泰功夫对抗赛等	以 1999 年在广州举行的中美功夫对抗赛为例，香港一家电视台出资一百多万港元买断了在港的电视转播权，而广州仅门票收入就有一百五十多万元人民币
民族传统体育节庆活动	中国少林国际武术节、中国温县国际太极拳年会、中国莆田国际南少林武术节、世界太极拳健康大会等	1992 年首届温县国际太极拳年会举办一年后，仅外商对该县的投资金额就达十亿多元人民币
民族传统体育旅游活动	白族人传统节日三月街、彝族民间的火把节等	民族传统盛会，融民族体育、文艺、娱乐与经贸活动为一体，吸引着来自四面八方的游客
民族传统体育地方协会组织的各种活动	地方武术协会开展的传统武术交流大会及活动、围棋协会开展的友谊围棋比赛等	2001 年，国家体育总局批准中国武协与有关方面合作，筹备成立 3 个武术产业公司。由此，武术开启了产业化发展

民族传统体育未来产业化发展方向已十分明确，当前需要解决的主要问题是：如果要实现我国民族传统体育产业化全面和可持续发展，现阶段仅局限于部分项目（如武术）和单一的体育旅游活动是远远不够的，应该在加快整个体育产业和市场化发展的同时，快速推进整个民族传统体育产业化发展。但需要注意的是，产业化并非是简单的经济效益的增长和经济水平的提升，它涉及诸多方面的因素（如经济基础、政治背景、文化特点和地理环境等）。因此，民族传统体育产业化发展不仅要追求经济效益，还要充分考虑各种其他影响因素，重视其历史发展的基本规律，重视其体育和文化的双重功能和价值，注重民族传统体育发展的社会效益、文化效益和环境效益。

作为一项民族事业，产业化发展是当前民族传统体育现代化发展的主要表现形式之一，是民族传统体育在当今社会的改革和创新，也是民族传统体育可持续发展的必由之路。

五、全民健身发展观下民族传统体育的发展

随着《全民健身计划纲要》的颁布和实施，经过近二十年的努力，目前全民健身已成为我国群众体育运动的重要发展趋势和发展方向。因此，民族传统体育可以充分利用当前我国全民健身热潮广泛兴起的这一大好机遇，挖掘自身潜力，在全民健身热潮中寻求自身发展空间。以民族传统体育中发展较好的武术项目为例，目前，以"武术"为首的民族传统体育发展迅速，中华武术历史悠久，源远流长，具有鲜明的民族特色和广泛的群众基础，与现代社会发展对人的要求存在很大程度的契合。更为重要的是，中华武术文化内涵非常丰富，具有很强的容纳力和文化整合力，这对全民健身计划的实施十分有利。

在全民健身发展观的指导下，未来民族传统体育的发展方向具体如下。

(1) 利用民族传统体育自身项目多样、功能齐全的风格和特点，重视和加快民族传统体育的改革，进一步建立健全我国民族传统体育自身体系和价值系统的

建设，编创出更多既具有时代特征又能满足人民大众健身的体育项目。

(2) 坚持民族传统体育事业的优势发展原则，形成以传统武术和中华养生术等项目带动其他民族传统体育项目发展的局面，将优势项目与弱势项目有机结合起来，在发挥优势项目的前提下，大力发展弱势项目，把我国民族传统体育事业作为一个整体对待，促进民族传统体育的全面发展。

第二章　民族传统体育的发展基础

民族传统体育作为社会现象，有它自身的发展规律，同时也是整个社会结构的一个组成部分，与其他社会活动如政治、经济、文化、教育、军事、宗教、艺术等都有着密切关系。因此，要全面地认识民族传统体育，不仅要研究民族传统体育的内部结构，还要研究它的外部联系，研究它与其他社会活动的相互关系。而民族传统体育发展的社会基础是指影响民族传统体育发展的一切社会因素。其中一些因素对民族传统体育发展具有直接的、深刻的和广泛的影响，而一些因素的影响则是相对间接的、表层的和局部的。因此，人们在分析民族传统体育的一般社会基础时，通常集中分析影响民族传统体育发展的直接的、深刻的和广泛的社会因素，这些因素包括社会的政治、经济、文化等多种因素。

第一节　政治与民族传统体育的发展

政治作为一种社会现象，是任何人都无法回避的社会事实。但是，随着人类社会的进化，尤其在社会关系日益复杂的过程中，政治的含义变得众说纷纭。具有代表性的观点是：①政治是国家制度；②政治是权力现象；③政治是价值分配活动；④政治是管理过程。政治这一范畴的多种含义一方面在向人们昭示其复杂程度；另一方面也在说明，作为一种社会现象，政治对社会的各个领域都具有强大、广泛和深刻的作用，对民族传统体育发展的作用同样不能例外。民族传统体育和政治的关系可以从政治对民族传统体育的影响和民族传统体育对政治的促进两方面来认识。

一、政治对民族传统体育发展的影响

政治对民族传统体育发展的影响主要在政府制定和执行民族传统体育政策的过程中产生并反映出来。

(一) 政治制度的发展方向规定民族传统体育发展方向

政治制度发展方向对民族传统体育发展方向有着巨大的规定作用，并影响民族传统体育的兴衰。如在我国《中华人民共和国宪法》序言中明确写到，"中华人民共和国是全国各族人民共同缔造的统一的多民族国家。平等、团结、互助的社会主义民族关系已经确立，并将继续加强。在维护民族团结的斗争中，要反对大民族主义，主要是大汉族主义，也要反对地方民族主义。国家尽一切努力，促进全国各民族的共同繁荣。"宪法不仅是法的一种表现形式，而且在一国法律体系中居于最高和核心的地位，宪法有"法律的法律"之称。宪法是规定国家的根本任务和根本制度，保障公民基本权利和自由的国家根本大法，是治国安邦的总章程，具有最高的权威和最高的法律效力。从《中华人民共和国宪法》中可以看出维护和发展各民族的平等、团结、互助关系是国家根本大法的基本要求，这一基本要求也是我国民族传统体育发展应遵从的基本要求。

2011年2月25日第11届全国人民代表大会常务委员会第十九次会议通过的《中华人民共和国非物质文化遗产法》中第四条指出，"保护非物质文化遗产，应当注重其真实性、整体性和传承性，有利于中华民族的文化认同，有利于维护国家统一和民族团结，有利于促进社会和谐和可持续发展。"由此看出，《中华人民共和国非物质文化遗产法》的三个有利于规定了我国民族传统体育发展的内在方向。

国务院于2009年7月5日颁布《关于进一步繁荣发展少数民族文化事业的若干意见》国发〔2009〕29号，其中第十一条指出，"大力开展群众性少数民族文化活动。鼓励举办具有民族特色的文化展演和体育活动，支持基层开展丰富多彩的群众性少数民族传统节庆、文化活动，加强指导和管理。尊重群众首创精神，发挥各族群众在文化建设中的主体作用，努力探索保护和传承少数民族优秀传统文化的有效途径。进一步办好全国少数民族文艺会演和全国少数民族传统体育运动会。"《意见》再次表明了政治上支持和鼓励民族传统体育发展。

再如，国务院于 2011 年 3 月正式颁布了《全民健身计划（2011—2015 年）》，其中目标任务第四条强调，"大力开展田径、游泳、乒乓球、羽毛球、足球、篮球、排球、网球等竞技性强、普及面广的体育运动项目，广泛组织健身操（舞）、传统武术、健身气功、太极拳（剑）、骑车、登山、跳绳、踢毽、门球等群众喜闻乐见、简便易行的健身活动。"工作措施第四条要求，"积极发展少数民族体育。建立健全基层少数民族体育协会。重视培养少数民族体育教师、社会体育指导员和高水平体育人才。在少数民族地区开展以民族优秀体育项目为主要内容的体育竞赛和活动，在学校体育课和课外活动中设置与优秀民族体育项目相关的教学内容。建立少数民族传统体育项目培训基地，发展'少数民族传统体育项目之乡'。办好少数民族传统体育运动会。"国家从增强人民体质，加快体育强国建设进程的政治高度，来重视民族民间传统体育传承、交流与展示工作，重视民族民间传统体育项目的发掘整理和传播推广工作，以促进各民族、地区间交流，扩大民族民间传统体育的国际影响力。该意见的颁布为我国少数民族传统体育的进一步发展提供了良好的政策基础，从政策上保障了我国民族传统体育的发展。

总之，各类政策文件和法律文本体现了政治制度的方针，规定了我国民族传统体育发展方向，同时为我国民族传统体育发展奠定了坚实的政治基础。

（二）政治环境对民族传统体育发展的制约

历史表明，民族传统体育和人类的其他活动一样，从来不是一种孤立的社会现象，它的发展受一定社会政治环境所制约。不同社会时期的政治环境会影响民族传统体育发展和功能价值的演变。

进入 21 世纪，和平与发展是时代的主题，是对世界各国人民长期以来反对战争、争取和平、振兴经济、促进发展的共同愿望和不懈努力的肯定。同时，也确定了体育运动在国际和平以及促进社会经济发展，提高人民健康水平中的地位，确认了体育运动的价值在于创造更美好的未来、更美好的世界。根据 2015 年千年发展目标，联合国起草了《体育促进和平与发展报告》。报告的结论——体育运动是促进和平与发展的有效和实用的工具。

总之，政治对民族传统体育的影响是同历史发展阶段相联系的，这种影响有直接的、也有间接的。同时，民族传统体育也通过自己的特殊作用积极地为一定的民族政治服务，这是社会对民族传统体育的客观要求。

二、民族传统体育对政治的服务

民族传统体育对政治的服务和影响是多方面的，主要表现在为社会主义建设服务，维护国家主权，维护社会安定、民族团结和增强民族凝聚力等方面。

(一) 为社会主义建设服务

1981 年，国家体育运动委员会（简称国家体委）和国家民委联合召开全国民族传统体育工作座谈会，分析了民族传统体育的发展形势，提出了在新的历史时期我国民族传统体育工作的主要任务是贯彻落实中国共产党的民族政策，积极开展民族传统体育和现代体育活动，提高民族的健康水平和体育运动水平，活跃群众的文化生活，促进民族团结，建设社会主义精神文明，为社会主义现代化建设服务。在现代化建设中，健壮的体魄会对生产的发展起到十分重要的作用。同时，体育锻炼无论对增强人民体质，还是对发展生产力、对社会的进步都具有重要的意义。尽管我国各族人民的体质健康状况已有很大的提高，但与现代化建设的需要还很不适应，为了给我国现代化建设培养大批的合格人才，为了中华民族的兴旺和未来，应更加重视民族传统体育工作，使民族传统体育更好地为现代化建设服务。

（二）维护国家的主权

民族传统体育在维护国家主权和民族尊严方面，显示其鲜明的政治立场；在宣传民族自强和爱国主义精神方面，起到了积极的政治作用。民族传统体育来源于生活，服务于社会。当今世界，民族问题是世界性的热点问题，在世界许多地区为民族问题纷争不已、战乱四起的时候，唯独在我国是"风景这边独好"。民族传统体育的政治意义超越了运动本身，已经成为建设中国特色社会主义事业不可缺少的组成部分，是社会主义精神文明建设的重要方面，充分显示了我国政治稳定、经济发展、文化繁荣、民族团结的大好局面。

（三）维护社会安定、民族团结和增强民族凝聚力

"稳定是压倒一切的大事"，是我国加紧社会主义现代化建设的前提条件。我国社会的发展与广大人民群众的根本利益是一致的，但是由于改革所带来的各种社会阶层和个人利益分配上的差异，也可能引发某些社会矛盾。

民族传统体育运动的开展，有利于加强民族团结和边疆稳定。我们知道，我国许多民族分布在漫长的国境线上，处理好民族关系，对于边疆的稳定意义重大。民族传统体育是各少数民族节日活动的重要内容，已成为少数民族生活的需要。民族传统体育活动是各民族兴旺发达、繁荣昌盛、幸福美满的象征，组织民族传统体育活动，使各民族欢聚在一起，既尊重少数民族风俗习惯，有利于民族团结，又增强了民族自信心、自豪感，各族人民在一起相互学习、相互帮助，民族传统体育起到了桥梁和纽带的作用。我国举办全国少数民族运动会正是体现了各民族相互团结、共同奋斗、共同繁荣发展的民族政治目标。

第二节　经济与民族传统体育的发展

经济基础决定上层建筑，上层建筑是经济基础在政治上和思想上的表现。民

族传统体育的发展依赖于经济的发展，受经济的制约，经济发展决定着民族传统体育的速度和规模。同时，民族传统体育发展反映着经济发展状况和水平，对经济的发展又起着促进和推动作用。正确认识民族传统体育与经济的这种相互联系、相互制约、相互促进的关系，并依次建立起良性循环、协调发展的机制，已成为关系到民族传统体育事业发展的一个重要问题。

一、经济对民族传统体育发展的影响

经济发展是社会发展的基础和前提。民族传统体育始终以经济生活为依托，经济作为体育活动的基础始终不会改变。

（一）经济发展决定民族传统体育的社会需求

民族传统体育与人们的其他活动一样，是社会经济发展到一定阶段的产物。体育活动产生于物质资料的生产活动，物质资料生产是体育赖以存在和发展的基础。马克思主义认为，人的社会需要是人们一切活动产生和发展的动力，体育也毫不例外。也就是说，体育和人们其他行为一样，它的产生和发展不能用思维或其他什么东西解释，而应当用需要来解释。体育是人的需要的产物，人对体育的需要正是体育产生、发展的原因和动力。而人的需要则取决于人们所处的社会条件和生活条件，取决于人们在经济关系中所处的地位。所以，人类社会对体育的需求，对体育运动的创造，是以经济为第一前提的。它不是由人的主观愿望意志决定的，而是由当时的社会经济条件决定的。当然其最终的实现程度和实现方式，还是取决于社会生产力的发展水平。

而体育作为人们消费的组成部分，一般属于消费的中高层次，即属于在个人消费所含的生存资料、享受资料和发展资料三个层次中的享受资料和发展资料的层次，所谓享受和发展资料，是使劳动者的体力和智力得到全面发展，物质生活和精神生活过得更舒适的需要。随着社会生产力的发展和人均收入的增加，消费资料的层次划分是可以发生变化的，社会向人们提供什么样的消费资料，它的数量和品种的多少，决定人们的消费结构及生活水平的高低。这是由生产力水平决定的。生产力水平决定人们的收入水平，从而决定了人们的消费水平，消费水平则决定了人们对民族传统体育产品的有效需求。

原始社会生产力水平极其低下，体育只是在人与自然界斗争的物质生产活动之中孕育萌芽，并没有成为物质生产活动之外的独立活动形式。奴隶社会、封建社会的生产力有了一定程度的发展，但社会剩余产品不多，自然经济形态占统治地位，产业分工与分化程度还很低，体育发展还是处于萌芽状态。中华人民共和国成立以来，我国社会主义经济建设取得了巨大成就，特别是改革开放四十年来，我国经济实力大幅提升，人民生活水平显著提高，人们关注自己的健康和文化，体育活动也逐渐成为人们日常生活的一部分，为体育包括民族传统体育发展提供了一定的空间和良好的经济环境。然而，我国少数民族聚集区大多在边远山区，经济水平较低，大部分地区还停留在解决温饱的水平线上，想要开展大规模的民族传统体育运动较为困难。

（二）经济制约民族传统体育发展的规模和水平

体育的发展离不开经济的支持，体育的发展速度和水平，受国民经济发展的规模、速度和水平制约，归根到底，是由社会产生力发展水平决定和制约的。

1. 经济为民族传统体育发展提供资金和物质条件

没有社会生产力的发展，没有经济为体育提供的资金和物质条件，体育的发展将是一句空话。历史上，欧洲之所以能够成为现代体育的主要发源地，其根本原因还是由于其生产力发展水平高，经济较发达。

经济发展是民族传统体育发展的基础，民族传统体育的发展依赖于经济发展所提供的资金和物质条件：我国少数民族主要分布在西北、西南、东北等地方，大多属于贫困和落后的地区，人们的经济收入较低，生活还不富裕，体育设施比较差，交通闭塞，与外界来往少，致使民族传统体育发展还不是很理想。随着国家对群众体育活动的重视，各级政府加大了对民族传统体育发展的投入。如湖北省从 2007 年起，省政府每年拨付 100 万的民族传统体育专项经费，扶持民族传统体育事业的发展，湖北省民委将 100 万资金用于民族传统体育的集训，外出比赛交流，教练员、裁判员的培训，等等。虽然湖北省对民族竞技体育训练基础投入较大，还是难以满足基地人才培养的需要。调查显示，民族传统体育训练经费不足的高达 88%，无法满足各种项目正常训练的需要。

目前，我国经济发展水平不平衡，致使一些经济落后地区的民族传统体育项目的发展速度较慢。但总体上来说，随着我国经济的快速发展，政府对民族传统体育的投入，我国许多优秀传统体育项目已经从高山、峡谷、边陲村寨、大漠草原走向中华大地，走向了全民健身的行列。例如：藏族同胞的锅庄舞，以其娱乐趣味性浓，节奏性强，健身效果好而深受广大群众喜爱。风格独特的舞龙舞狮的快速发展不仅让人视觉上一饱眼福，同时舞龙舞狮的商业化、产业化让参与者在社会上赢得生存、发展的空间。同样我国武术体系已渐成规模，气功养生潮汐翻涌，龙舟竞技走向世界，少数民族运动会的定期举办，中国民族传统体育在实践中正走向一个空前发展的新时期，并将在开拓外向、多元化的道路上不断前进，为全民健康提供强有力的后盾。

2. 社会关系制约民族传统体育的社会性质

原始社会，社会生产关系是以原始群体为主体，他们在动物界的自然斗争中求生存，人与人之间的社会关系是一种平等的与自然斗争的关系，相互之间不存在利益的差别。那时体育只是在人群与自然界斗争中的一般生产劳动中或活动中孕育着、萌生着，并没有成为社会活动之外的独立形式。在奴隶社会中，奴隶制生产关系占统治地位，体育的社会性质只能是为奴隶主阶级的利益服务。在封建社会取代了奴隶社会之后，封建的社会生产关系占了统治地位，它不仅促进社会生产力的发展，也使农民有了参加身体锻炼的自由，出现了一些民间的体育活动，如划龙舟、武技等，成为农民强身健体和农闲时期的娱乐方式。但从封建地主阶级的利益出发，体育主要用于为统治者"练兵习武"，成为培养封建专政工具的手段。在封建统治阶层，体育活动则主要成为封建阶级养生、健体和消遣的手段。

到了现代资本主义社会，因为有了比较完善的收入再分配制度和政策，以及生产力的发达和人们总体收入水平的提高，体育产业开始发展起来。一方面，体育活动已经成为劳动人民强身健体和休闲娱乐的基本需要；另一方面，体育已经深深融入了市场经济社会而成为经营者盈利的事业，满足了不同的体育需求。在社会主义社会，社会主义的生产关系，是以生产资料公有制为基础的，劳动者在社会主义生产关系中的地位也发生了根本的变化，劳动者的"社会需要"越来越具有社会的性质。在社会主义生产关系条件下，不仅保证劳动者有一天比一天充裕的物质生活，而且尽最大可能满足劳动者体力、智力、道德素质全面发展的需要。推广各类民族传统体育项目，是让更多的人了解、认识、参与到少数民族体育活动中来，让更多的人感受民族传统体育项目所带来的快乐和健康。当前我国积极推行"全民健身计划"就是最大限度满足社会和人民群众对体育的需要，它充分体现了社会主义生产关系对体育的制约关系。

3. 经济制约民族传统体育自由支配的时间

经济制约用于体育的自由时间，是通过经济制约消费结构的变化而实现的。根据马克思生产与消费的理论，生产决定消费。消费结构，即人们在消费过程中各种不同消费资料的组合关系和量的比例关系，而消费资料的组合关系，归根结底，是时间的比例关系。社会生产力的发展，不仅会改变人们的劳动方式，而且还通过劳动生产率的提高，消费品的数量和品种的增加而改变人们的消费结构，即用于生产劳动，工作和家务劳动时间逐步缩短，用于劳动者自由支配的时间逐步增加。随着人类社会经济的发展，消费时间结构的变化，参加体育运动的人数和时间必将越来越多，体育活动的内容也会日益丰富。从一定程度上反映了用于体育活动方面的自由时间的增多和当代人们生活方式的变化。而这种消费时间结构的变化不仅会引起体育结构的变化，同时也必然会影响和制约人们总体有限时间结构的变化。

人们在余暇时间内主要从事何种活动，喜爱什么余暇活动，清晰地反映民族传统体育在人们生活中的地位。2002 年调查显示，西北少数民族城乡居民余暇时间支配中家务劳动为第 1 位，占 85.58%；社交活动为第 2 位，占 82.93%；辅导子女文化学习为第 3 位，占 79.78%；参加民族体育活动还没有提到应有的位置。由此可见，少数民族在余暇时间的活动内容单调，少数民族城乡居民还不能从繁重的家务劳动时间中解放出来。

造成西北少数民族空闲时间不足的主要原因在于少数民族群众迫于生活的压力，还没有从繁重的劳动中解放出来。表明少数民族从事体育活动的时间和条件还有待改善，有限的闲暇时间阻碍了少数民族体育消费的行为。参与民族传统体育活动是人们的较高层次需求。只有经济发展到一定水平，劳动生产率提高到一定程度，人们不需将全部时间用于物质生产时，才会有自由时间去进行体育活动，去欣赏民族传统体育比赛和表演。

二、民族传统体育对经济的促进

经济发展水平决定着民族传统体育发展的速度和规模，反过来，民族传统体育对经济发展也起着促进作用。

(一) 民族传统体育促进区域经济发展的作用

目前，借助民族传统体育竞赛活动推动地区经济社会跨越式发展，已成为区域经济发展中重要的产业资源与文化资本。如山东潍坊市自 20 世纪 80 年代以来，每年都举办规模宏大、富有特色的潍坊国际风筝节，吸引着数十个国家和地区的风筝队前来参赛。与此同时举办的大型经贸与招商引资活动成交额逐年上升，已由原来的 1 亿多元上升为现在的 200 多亿元人民币，被人们称为"风筝牵线、文化搭台、经济唱戏"成功的区域经济发展模式。

再如河南郑州举办的国际少林武术节，现已成为我国地方文化节日中的精品项目，也成为推进郑州城市经济社会发展中的一张特殊名片，其影响已扩展到海内外。在 2010 年国际少林武术节期间开展的经贸洽谈活动，共完成国内外贸易成交额达 100 多亿元，对地方经济社会的发展产生了极为重大的推进作用。

1991 年在广西南宁举办了第 4 届全国少数民族传统体育运动会，这届民运会广西借助体育舞台，把振兴民族经济的戏唱得轰轰烈烈，共签订对外技术合同 55 个，外贸成交 2.1 亿美元，共实现国内外贸易成交额达 31 亿元人民币，创造出巨大的社会与经济效益，使全国少数民族传统体育运动会逐渐成为闪闪发光的文化品牌与区域经济发展的推进器。随后在昆明、拉萨、银川、广州、贵阳举办的第 5~9 届全国少数民族传统体育运动会，越办越好，所产生的经济社会效益越来越大，并带动了各民族地区基础设施与体育设施的建设，推动了少数民族地区经济社会的全面跨越式发展，充分显示了少数民族传统体育运动会在民族地区经济社会发展中的特殊作用。

再如"三月街"是云南白族人民具有悠久历史的传统节日。如今这一单纯的民间集会已演进为多民族共同参与的集民俗、体育、文艺、娱乐与经贸活动为一体的民族节日盛会，成为当地对外开放和招商引资的重要窗口。2008 年大理白族自治州举行的"三月街"活动，当地政府邀请全国 8 个省、市、自治区的运动员前来参加活动，使"三月街"的赛马更为激烈壮观、丰富精彩，来自海内外的 30 多万游客相聚一堂，观赏精彩纷呈的赛马、霸王鞭、赛龙船及民族歌舞活动。与此同时所举办大型的商贸与牲畜交易活动，共达成招商引资协议 50 多亿元人民币，有力地推动了大理及周边地区民族经济的繁荣与发展。因此，大理"三月街"又被人们誉为"洱海边上的广交会"。

上述实例表明，少数民族传统体育在今天已不再是单一的民间娱乐活动形式，而是民族地区特色经济和旅游产业发展中重要的产业资源、文化资本和招商引资的重要媒介，对我国少数民族地区的扶贫致富和小康社会的建设将发挥特殊而巨大的作用。

(二) 民族传统体育拉动第三产业的作用

随着我国各族人民经济收入和生活水平的提升，人们对充满自然和谐性、地域风情性、民族风俗性、观赏体验性的少数民族体育活动更加推崇和热衷，并在参与、体验和观赏民族体育的过程中满足现代人们求新、求健、求乐、求知的身心需求以及感受民族文化与风情的精神需要，因此少数民族体育产业逐渐成为我国第三产业的经济增长点，为许多地区经济的发展带来了生机与活力，推动着整个民族经济的快速发展。

目前，借助民族传统体育竞赛活动，推动地区经济发展的模式，在我国已被广泛采用。如在第 5 届全国少数民族传统体育运动会举办期间，广西壮族自治区人民政府本着"体育搭台，经济唱戏"开创了市场经济与民运会结合的先河。运动会期间，招商引资举办商品贸易洽谈会，成交额达 31.8 亿元；经济技术合作项目 50 多个，投资 4.06 亿元，其中利用外资 4209 万美元，商品零售额 380 万元。而民运会期间的实际投资 3375 万元，其显著的经济效益引起了社会的广泛关注，同时也为广西经济发展注入了强劲动力。

民族传统体育本身也含有巨大的商业价值潜力。例如，民族传统体育的竞赛与体育表演，民族传统体育的咨询培训服务，民族传统体育器材、服装，民族传统体育运动会期间的门票、奖券、彩票、吉祥物、纪念品、电视转播费、商品广告费等都具有特殊的商品经济价值，对促进社会经济的第三产业的发展具有重要意义。借助民族传统体育活动拓展少数民族地区旅游业，也具有显著的现实意义。旅游本身就是第三产业。其中最具代表性的是云南，作为一个旅游大省，有着丰富的自然资源与社会人文资源，民族传统体育资源更是其中最为独特、最具吸引力的文化资源，其观赏价值和健身娱乐价值对国内外游客具有极大的吸引力。因此，民族传统体育旅游资源的开发，有效提高了第三产业的经济发展和服务能力。

（三）民族传统体育对提高劳动力素质的作用

随着人口老龄化进程的加快，劳动力作为最重要的生产要素，劳动力的总量供给和结构变化都会对产业结构的优化升级产生重要影响，从而影响整个社会经济的发展。劳动力的教育和训练的水平、高技术和技能的掌握至关重要。有较高质量的劳动力供给，才能发展技术集约程度较高的产业。民族传统体育对经济的贡献主要表现在对劳动力素质的提高和发展有直接的作用。

所谓劳动力是指人们征服自然、改造自然的能力，即生产某种使用价值时所运用的体力与智力的总和。劳动力的素质包括身体素质、文化技术素质、思想道德素质。劳动者身体素质提高，一靠物质条件，增强身体营养；二靠体育锻炼。而劳动者身体素质的提高，又是劳动者文化素质和思想素质提高的物质基础。因为，人体是一个有机整体，人的身体素质不仅直接决定体力活动的质量，而且也直接影响着脑力活动。长期以来我国少数民族的社会经济活动大部分以渔猎、游牧、农耕和养殖业为主，在这些生产活动中，人的体力劳动占极大的比例。因此，强健的体魄、良好的身体素质与熟练的生产技能是民族经济得以发展的重要因素。从经济学中我们知道，生产力的三个要素是劳动者、劳动工具和劳动对象。在这三种要素中，劳动者是劳动工具的创造者和使用者，是生产力中最活跃、最积极的因素。劳动者的精力和体力是劳动者提高工作效率的先决条件。广泛开展民族传统体育活动能有效地改善和提高劳动者的身体素质，还可以在活动中进行劳动技能的学习与训练。民族传统体育活动的开展，无疑有助于劳动生产率的提高，例如，我国许多游牧民族开展的骑技、赛马、叼羊、摔跤，农耕民族开展的斗牛、秧歌舞、农耕舞，渔猎民族进行的泅水、渡船、射箭、射弩、武术等，对人们体力的增强与劳动技能的提高起着良好的作用。

劳动者参加各项劳动、工作、活动，无论体力和脑力都会有较大的消耗，产生疲劳，需要尽快地消除，以保持劳动力回到正常发挥的状态。民族传统体育运动由于它本身的游戏性、竞赛性、艺术性、娱乐性的特点，决定了劳动者参加体育活动，可以达到娱人娱己的效能，无论参加者或观赏者，都可以得到精神上的享受和自我满足的心理平衡。所以民族传统体育活动，无论是参加还是观赏，都能起到愉悦身心、振奋精神、丰富文化生活、积极充分休息、恢复劳动者身心平衡的作用，促进劳动者以充沛的体力和精力参加下次的劳动、工作及其他各项活动。

第三节　文化与民族传统体育的发展

文化是民族的血脉，是人民的精神家园。悠久的中国历史，深厚的多元文化融合与积淀，形成了影响深远的中国传统文化。传统文化对民族传统体育产生深刻的影响。同时，民族传统体育也起到了丰富和强化民族传统文化的作用。

一、文化对民族传统体育的渗透

在漫长的文化历史进程中，中国民族传统文化对民族传统体育发挥着渗透的作用，经过历史积淀和不断发展，形成具有丰富文化内涵的民族传统体育体系。

（一）以人为本思想对民族传统体育的渗透

从历史上看，中国是一个始终重视人的文明古国。人为万物之灵，天地之间人为贵，是中国传统文化的基调。中国传统文化是一种伦理本位的文化。儒家的三纲八目、道家的修道积德，都以道德实践为第一要义，因而可以称之为道德的人本主义。道德的人本主义的重要表现，是把人放在一定的伦理政治关系中来考察，把个人价值的实现、个体道德精神境界的升进，寄托于整体关系的良性互动中，从而构成"五伦"。

"以人为本"的思想传统，把道德实践提到至高地位，有利于人的精神开发和个体道德的自我建立，丰富了中国文化的人文精神。在这种以道德为主体的文化影响下，中国形成了以人为本的伦理文化。在中国大地上涌现的民族传统体育绝大多数体现着这种文化印迹，特别是在民族传统体育文化形成阶段，以人为本的痕迹很重。其中表现最直接的是民族传统体育的传播和传承过程中的师道尊严倾向、严格的拜师求艺程序、严谨的师徒关系、严肃的武德武戒。对一个人的民族传统体育技能评价更是讲求"德艺双馨"，尤其重视一个人德行，因为他所表现的技术是人之外的内容，重人轻物极大地尊重了人格、人性和人品，克服了西方体育文化易导致的人格分裂问题。在重视道德的社会中，德行至关重要。这种文化内在力量至今发挥着作用，也是中华民族传统体育对人类文明的贡献。这种塑性的完成，是中国儒、道伦理本位思想极端推崇道德至上的文化作用的结果。在缺乏法治、宗教的宗法社会，道德伦理确为社会控制的唯一有效手段，人人处在"五伦"关系中，而五伦各有其特定的道德行为规范，如君仁臣忠、父慈子孝、夫敬妇从、兄友弟恭、朋友有信，每个人既处于五伦的关系网络之中，又同时处于整个社会家国一体的宗法政治关系网络之中。从事民族传统体育的人群，自然不能摆脱这个宗法关系。

（二）天人合一思想对民族传统体育的渗透

"天人合一"是中国传统哲学中关于人与自然相互统一和谐的学说。儒家所说的"天"其实就是指宇宙、自然界，认为"天"是万物的本源，"唯天为大"，"生死由命，富贵在天"。其观点：天与人本来是一体的，天与人是有感应的，大宇宙的变化可以影响人体这个小宇宙，而人体自身的变化可以反映自然的运动规律，天与人的最佳状态是相互和谐，合而为一，即天人合一。天人合一思想重视人与自然的关系，即重视人的一切生命活动要适应和顺从天、地自然的变化。民族传统体育受到这种思想的作用，在发育成型过程中逐渐产生了人与天协调统一的活动类型。表现比较突出的中国传统体育养生文化，在运动项目内容上强调内外合一，动静有常；活动形式上主内不主外；习练方式上顺应天时地利。中国武术基本上都讲究师法自然，追求人与自然的和谐统一。古代习武者从大自然中吸收营养，模拟自然界中各种事物的动作、姿态、神情，结合人体运动的规律和技击方法的要求，创造和丰富了武术的流派。

人的有机体作为一个系统，同样存在着协调统一。中国的民族传统体育将人作为一个系统，将主体的自我意识与客体的有机体进行了有机的统一，形成了中国特色的民族传统体育。中国传统文化思想是多元的，从太极、阴阳、五行到八卦，综合地构建了古代武术的理论体系，这些思想引领武术的发展，达到塑形的作用。同时，在这些思想基础上结合武术技术实际而产生的拳谚秘诀，比如太极拳大师依据道家"反者道之动，弱者道之用"。"反者道之动"，即道之反动，是指一切事物常常反向发展。"弱者道之用"，即道之弱用，是说无论宇宙自然还是个人，其最具智慧的真实表现，乃是保持一种柔弱的姿态。由此可以得出"柔胜刚，弱胜强"的观点指导着具体的太极拳运动实践。中华武术不仅要求练习时要"内练一口气，外练筋骨皮"，技术完成时也到达内外兼修、神形统一状态。这种代表中国的民族传统体育是人类文化中的奇葩，与西方竞技体育比较，突出地体现为主客合一，是人类健康体育文化的代表。

（三）刚健有为思想对民族传统体育的渗透

中国的海岸线有限，很多的地域距离海洋较远，但是中国人对水的理解却较为深刻，逐步形成了"上善若水"的理念。在这个理念中，告诫人们应该像水一样为人处世，事物的发展也要如水一般汇涓涓细流，遇阻迂回，始终奔腾向前。水看似柔弱，其实水的力量是无穷的。在这一点上，中国人对水的理解更看重的是水的刚强和坚韧，滴水穿石、惊涛骇浪从不同的侧面反映着水的力量。这种思想逐步被强化，"天行健，君子以自强不息""刚健而文明，应乎天而顺乎人""刚健中正，纯粹精也"这些思想集中体现了中国人力求刚健有为的意识。恰恰是这种意识对民族传统体育发挥着塑性的作用，使民族传统体育中的刚健属性得以激发。民族传统体育项目中具备阳刚类型的内容占据主流，即使是部分如静似柔的项目，也包含着刚柔相济的成分。特别是在尚武崇力的社会环境中，民族传统体育彰显着文化价值，从而得到充分发展；在重文轻武的背景中，虽然受到一定的遏制，但民众心中始终涌动的热情，民族传统体育是保持民众刚健意识的载体。

历代统治集团也清醒地认识到民族传统体育的功能和价值，通过民族传统体育的锤炼，民众的身心得到了刚健思想的陶冶，民族体质得到提高，民族精神得到提升，民族文化得到发展，这是刚健之后"有为"的具体表现。少数民族地处自然环境相对恶劣的地域，以民族传统体育来提升其民族的生存能力。试看拔河、押加、拔棍、顶杠、角力、拔腰、登山、斗牛、石锁、颈力、刁羊、爬杆、花炮等无一不是通过力量型的身体活动来锻炼民众的刚健，以求提高其体能，陶冶其精神，为本民族的生存和发展奠定有为的基础。"一身动则一身强，一家动则一家强，一国动则一国强，天下动则天下强"。刚健有为、自强不息的精神对促进社会发展、国家强盛和文化繁荣具有重大意义。在以机器生产为主导的现代社会，体能的丧失不仅仅带来了身体的羸弱，更易产生精神上的萎靡和迷茫，所以，在现代社会更应加强和重视民族传统体育文化的建设。

（四）贵和尚中思想对民族传统体育的渗透

中国虽然是大一统的君主专制国家，但是在中国的传统文化中有一种非常关键的思想，这就是"贵和尚中"，它始终影响着中国的统治集团，使其政治制度趋向于包容，文化倾向于融合，以至于中国文化中始终保留着这种传统，影响着民族传统体育的多元并存。民族传统体育文化中有很多同类项目存在着多元的表现形式，例如：马上运动，可以分成竞速、走马、花样、射击、角力等；水上运动，有徒手、持械、泛舟、竞渡等；武术运动流派繁多，拳种丰富，仅传统太极拳运动就可分陈式、杨式、武式、吴式、孙式等；角力运动几乎是每个民族都有自成风格的形式，流传较广的是蒙古族的搏克、维吾尔族的且里西、彝族的格、藏族的北嘎、回族的回回跤、汉族的摔跤等。民族传统体育的多元并存充分地体现了这一文化影响。这一文化价值的关键在中，"中"是指事物的度。恰当的度促进"和"，不恰当的度阻碍"和"，"持中"的方式和方法十分重要。孔子倡导的是以"礼"持中促和。民族传统体育在这方面，经历了长期的磨炼，把符合这一文化价值的项目内容保留下来，而将其余项目摒弃。这种文化力量和历史变迁法则，使流传至今的民族传统体育保持着较高的文化价值。在文化全球化的现代社会，这种文化价值依然是中国民族传统体育文化发展的重要指南。

二、民族传统体育对文化的体现

民族传统体育是民族文化的重要组成部分，在丰富、充实和强化传统文化等方面具有重要的贡献。

(一) 民族传统体育对传统文化价值的强化

西方竞技体育在西方文化的影响下，追求"更高、更快、更强"的价值观。这种价值观随着西方竞技体育全球化渗透，已经在对中国的民族传统体育产生一定的影响。民族传统体育在长期的发展过程中，沐浴在中国传统文化的雨露中，形成了与西方竞技体育大相径庭的价值取向。

民族传统体育追求的价值是"健身修心、德艺双馨、成己兼善"。所谓"健身修心"，恰好是中国传统文化影响下，"天人合一""以人为本"在民族传统体育中特化的、世间少有的主客合一的表现。从事民族传统体育活动，不仅能够强健机体，更能磨炼人自强不息的意志，充分体现了人的主体地位和价值；而非西方竞技体育已经异化成为锦标的工具，人被沦落为构成这种工具的附属。所谓"德艺双馨"是指在道德人本、尚义尊利指导下，通过民族传统体育使人在道德水准和竞技能力方面得到均衡发展，达到一个至真、至善、至美的境界；所谓"成己兼善"强调的是每个个体在完善自我的同时，更要以群体和国家的利益为重。即人要在成己、修己"独善其身"后，积极践行成人、安人等"兼善天下"的社会责任和义务。通过民族传统体育完善自我，积累报效国家的健康能量，以求完成报效国家的重任。

(二) 民族传统体育丰富、充实传统文化，是文化认同标识

身体文化是一种以身体活动为基本手段的"动"的文化。身体的文化，是一种可以长期有效保留民族文化的载体。当这种身体文化被人们普遍掌握，形成了相应的技术和技能体系，在长期的传承中稳定为固定的行为模式，长久地流传，

形成了能够代表中国传统的、生动而形象的文化表现，正是这种文化表现丰富了中国的民族传统文化。在民族传统体育中，较多的项目保留中国的传统文化因素，大凡是缺乏中国民族文化的内容逐步被时代所淘汰。比如蹴鞠就是民族传统文化含量不足而被淘汰的项目之一。富含传统文化的项目则被人们普遍的推崇，得到长足的发展。比如源于汉武帝为求千秋之寿而兴盛的，无身体对抗且重尊君、敬祖、爱国意向的秋千得到广泛流行，现存的有彝族秋千、土族秋千、纳西族秋千、朝鲜族秋千、打磨秋等形式。中国的武术将中国传统文化的理论精粹加以运用，保留在套路和拳法阐释之中，同时又生动形象地丰富这些哲理，普及这些哲理，在践行尚武行侠与修身齐家治国平天下中，使人们能够形象地体验中国传统哲学抽象的生命价值和现实具体的社会责任，这样的文化表现得到中国社会广泛的充分保护和推崇。

民族传统体育文化不仅能够丰富民族文化，更可成为民族的文化认同标识。人们习惯使用最直接的符号来标识自己的归属，如自称、图腾、禁忌等。民族传统体育文化在这方面作为一种身体符号，是一种有效区别于其他民族文化的标识。如搏克是蒙古族的摔跤，且里西为维吾尔式摔跤，"格"是彝族同胞摔跤的形式，北嘎则是藏族摔跤的形式，从体育活动内容上看，同为摔跤，但起源的民族不同，所表现的形式各异，具有标识不同民族的符号作用。这种由自然血统而造就出来的文化认同符号更具有凝聚力，更容易使人识别不同的民族。目前，中国的武术已经成为代表中国的民族文化标识，在国际上产生极大的文化影响，成为识别中华民族的重要标志之一。

综上所述，民族传统体育在中国辽阔大地上，在特殊的政治、经济和文化影响下，形成了特色鲜明的民族传统体育文化，它是人类文化中的奇葩。

第三章 民族传统体育球类项目的发展

民族传统体育中的球类项目，在古代的时候就已经备受人民所推崇。球类体育项目也是多种多样。本章就蹴球、木球、毽球、珍珠球的实践教学进行了探讨和研究。

第一节 蹴球发展及实践指导

蹴球是我国传统体育运动项目之一，有着悠久的历史，目前在一些普通高校及体育院校中开设了蹴球选修课，但为数不多，需要进一步的宣传与推广。

一、蹴鞠项目的起源与发展

蹴球又称"原始球"，起源于清代的踢石球，它是在我国古代蹴鞠游戏的基础上发展起来的，有着非常悠久的历史。蹴鞠活动起源于原始社会后期，是当时原始人的石球游戏。1953 年，考古学家对西安"半坡遗址"的挖掘中，发现了供游戏用的石球；到了春秋战国时期，作为训练军队的项目之一，蹴鞠活动也开始形成。在唐代，蹴鞠活动已非常流行，成为宫廷主要活动项目之一。在唐代以后的宋、元、明、清时期，这项活动一直经久不衰。此外，还有许多史书，如《资治通鉴·汉纪十一》《旧唐书·中言》《北京民间风俗白图》对蹴鞠活动做了相关记载等。

从 1984 年开始，北京市民族传统体育协会对蹴鞠进行挖掘、整理和改进，之后便将蹴鞠改名为"蹴球"，并于 1986 年在全国第 3 届少数民族传统体育运动会上进行了首次表演，得到了社会各界的充分肯定和支持。随后，一些体育专家开始对蹴球运动的器材和活动形式进行了改进，并逐步完善了竞赛的方法和规则。1999 年，蹴球运动被正式列为全国第 6 届少数民族传统体育运动会的竞赛项目。此后，蹴鞠运动开始在全国范围内得到蓬勃发展。

二、蹴鞠项目的技术实践

蹴鞠目的技术具有力量适当、攻击准确的特点，其运动技术主要包括：预备姿势、蹴正撞球、蹴侧撞球、蹴回旋球和蹴球后的结束动作。

(一) 预备姿势

1. 预备姿势的技术分析

预备姿势是指运动员在准备蹴球前的站立姿势，它可以使运动员树立信心、稳定情绪，保证蹴球技术的正常发挥。

具体方法为：运动员在距本方球后 0.5 米处，面向进攻方向，两脚自然开立、身体放松、目视对方来球。根据场上的情况对本次进攻的目标和战术布置进行积极思考，并尽快决定本次进攻的意图。

2. 预备姿势的实践教学

(1) 原地做两腿前后或左右开立，身体放松的预备姿势练习。

(2) 在球后方 0.5 米左右处做正确站立姿势练习。

(3) 行进间在球后做正确站立练习。

(二) 蹴正撞球

1. 蹴正撞球的技术分析

正撞球是蹴球最基本也是最常用的技术，也是初学者必须掌握的技术。

具体方法：以左（右）脚为支撑脚，支撑在球侧后方 20 厘米处，脚尖外展，与出球方向成 45°，膝微屈；以右（左）脚跟在球正后方 15 厘米处着地，脚掌前部在球上方距球 2 厘米左右，脚瞄准进攻方向后（使脚的中轴线、本球中心、目标中心成一直线），则以脚掌轻轻压住球，不能使球发生任何移动，压紧后眼睛正视进攻目标，凝神静气、以蹴球腿髂腰肌、股直肌等用力收缩使髋关节微屈，大腿向前上方抬起，同时通过脚前掌用力向前蹴动，使球上旋向前滚动朝进攻目标奔去。

2. 蹴正撞球的实践教学

(1) 球杆练习。用左（右）脚掌前后反复搓球，提高脚掌对球的感觉和控制能力，增强踝关节的力量和灵活性。

(2) 以直线为参照物练习。将球放在直线上，要求蹴出的球沿直线向前滚动，体会触球腿的用力和用力方向。

(3) 近距离击打目标球准确性练习。距离由近到远，一般为 2~5 米，重复练习。

(4) 中距离击打目标球准确性练习。距离一般为 5~7 米，重复练习。

(5) 远距离击打目标球准确性练习。距离一般为 7~10 米，重复练习。

(6) 对角斜线上击打目标球准确性练习。

(7) 多角度方向练习。将目标球放在场内的任意位置上，进行击打练习。

(三) 蹴侧撞球

1. 蹴侧撞球的技术分析

蹴侧撞球是指本球击打目标球的侧面，使目标球变向滚动转移位置或使本球相应转移位置。蹴侧撞球一般用于传球或欲使目标球被击打出界而球留在界内等情况。

具体方法为：支撑脚和最后用力的动作要领同蹴正撞球，但不同的是要用本球的球心瞄准目标球的一侧边缘，使蹴球脚跟中心点、脚的中轴线、本球球心和目标球一侧边缘处在一条直线上。如撞击目标球越薄，分球角度越大，本球的前进速度越快，目标球的前进速度越慢；撞击目标球越厚，分球角度越小，目标前进速度越快，本球分球跟进速度越慢。

2. 蹴侧撞球的实践教学

(1) 近距离击打目标球侧面练习。距离一般为 1~3 米。

(2) 中距离击打目标球侧面练习。距离一般为 4~6 米。

(3) 远距离击打目标球侧面练习。距离一般为 6 米以上。

(4) 撞双球练习，将本球与两个目标球按规定的位置放好，进行撞击双球练习，距离由近到远。

(四) 蹴回旋球

1. 蹴回旋球的技术分析

回旋球的发力方法与其他两种球的发力方法完全不同，回旋球的发力是靠脚掌向下和向后挤压球来实现的。

其基本动作是：运动员面对进攻方向，两脚分开站立在自己的本球后，瞄准球后，将右脚的前脚掌贴靠在球上，然后向下后方发力，用力将球挤压出去。这个动作仅靠脚的力量是不够的，必须要全身协调发力。

2. 蹴回旋球的实践教学

(1) 原地做挤压球练习。

(2) 蹴正撞目标球的回旋球练习。

(3) 蹴侧撞目标球的回旋球练习。

(4) 将目标球放置在靠近边线一侧，本球在不同位置和角度上，要求目标球打出界外，本球回旋至场内的练习。

(五) 蹴球后的结束动作

1. 蹴球后结束动作的技术分析

蹴球后的结束动作是指运动员在将球蹴出后应保持身体平衡，这也是关系进攻成败的重要技术之一。

具体方法为：当蹴球结束后，运动员要保持身体重心落在支撑腿上，蹴球脚摆至膝关节部位高度时应及时制动，随即自然放下，形成双腿支撑，保持身体平衡，并注意不要触及场内其他球，目视进攻方向，了解进攻效果，做好下次进攻的准备或立即回到自己场外位置，在蹴回旋球时，球蹴出后，蹴球脚应迅速上提，以防球回滚时碰脚犯规，然后自然放下，形成双腿支撑。

2. 蹴球后结束动作的实践教学

(1) 原地单脚支撑平衡练习；原地单脚跳练习。

(2) 一腿支撑，一腿前后摆动练习。

(3) 蹴近距离正撞球后的维持身体平衡的练习。

(4) 蹴中远距离正撞球后的维持身体平衡的练习。

(5) 蹴回旋球，维持身体平衡的练习。

第二节　木球发展及实践指导

木球，又被称为平民高尔夫，作为一项体育运动，木球在大多数人眼中还很陌生，但随着近年来我国传统体育运动的进一步发展以及民族传统体育运动会的召开，木球逐渐进入大众视野，拥有着良好的发展前景。

一、木球项目的起源与发展

木球项目是一项具有民族特色和别具风格的民族传统体育活动，它在北京、湖南和宁夏较为盛行，在北京称为木球；在湖南称为木球或木棒球；在宁夏回族自治区称为大毛球或大吉子。关于木球的起源，尚没有统一的说法。在湖南，相传木球起源于清代顺治年间，传说在一次瑶族的传统节日上，有几个歹人向聚会庙堂扔石头，有一位老者为了阻止他们的破坏行为，于是用手杖将石头一一还击回去，打得他们抱头鼠窜。从此，瑶族人便纷纷学习杖击石头，后来逐步演变为有攻有守的游戏，而石头也演变为茶树削制而成的圆木，并正式取名为木球。这项运动在宁夏回族自治区已有 100 多年的历史，是回族青少年喜爱的一项运动。但北京地区的人们认为木球是由秦朝民间盛行的"打印球"发展而来。

在 1982 年举办的第 2 届全国少数民族传统体育运动会上，木球作为表演项目呈现在观众面前；1991 年，木球正式成为第 4 届全国少数民族传统体育运动会的正式比赛项目；在第 8 届少数民族传统运动会上，筹委会对"木球"和击球板进行了改进，使木球运动更加规范、科学和安全。

二、木球项目的技术实践

木球项目技术可分为接球技术、运球技术、传球技术、射门技术、抢截球技术和守门员技术。

(一) 接球技术

1. 接球的技术分析

木球的接球技术主要有正板接球和反板接球两种。

(1) 正板接球。接球前，两脚前后站立，支撑脚正对来球方向，膝关节微屈，身体重心放在支撑脚上，上体稍前俯；双手或单手持握击球板，使击球板弯头处与地面成一定角度，当球滚到支撑脚前内侧踝骨附近时，用击球板的弯头处挡压球的中上部，将球停在身前。需要注意的是，击球板触球一瞬间的停球动作非常重要，若这一动作不标准，则会影响接球的效果，并可能造成接球失败。

(2) 反板接球。反板接球的动作方法与正板接球相同，只是持板压球时击球板的方向不同。

2. 接球的实践教学

接球技术的重点与难点应放在触球的一瞬间缓冲来球的力量的停球动作环

节上，掌握接球的动作方法后，应养成主动迎球或接球后迅速衔接下一个动作的习惯。

(1) 持握击球板进行正、反手接球的模仿动作练习，要注意体会接球的动作方法和部位。

(2) 两人面对站立，一人传地滚球，另一人迎上接球，要重点掌握接球时击球板触球后控球动作。

(二) 运球技术

1. 运球的技术分析

木球项目运球的实质就是在奔跑中，运用连续的轻击球或者连续的推拨球。运球技术包括运球推球和拨球运球。

(1) 推球运球。准备推球运球时，跑动时身体自然放松，上体稍前倾，双手或单手持握击球板，膝关节弯曲，向前跑进，运球时用击球板弯头处正面底部向前推球。运用推球运球时，一定要注意击球板弯头处底部应始终触球，身体重心随球前移。

(2) 拨球运球。运球时，支撑脚稍向前跨，落在球的侧前方，膝关节稍弯曲，上体前倾向里转，随着身体向前移动，单手或双手持握击球板稍提起，用弯头处内侧拨球的中后部。其动作关键是击球板始终触及球，眼睛看前方，用余光看球。

需要注意的是，随时观察场上情况，寻找适合射门的机会或将球传给位置有利的队友。

2. 运球的实践教学

在运球技术教学中，其重点和难点应放在运球时击球板上的推球和拨球的动作环节上。在练习过程中先在慢跑中运球，然后加快速度或变速做各种运球练习。先练直线运球，再练曲线、圆圈和"8"字运球。

(1) 分两列横队，两臂间隔散开。练习时，第一排直线拨球运球 15 米，返回时改用推球运球，到达起始线后换第二排运球，在慢跑中要控制好球，逐渐加快运球速度。

(2) 拨球练习时，用击球板弯头处内侧连续向里侧转圈拨球，也可用击球板弯头处外侧（反手持握）连续向外侧转圈拨球。身体重心随球转动，一步一拨球，使球沿小圆圈行进。

(3) 反复练习拨球运球过人和推球运球过人等动作，运球速度要逐渐加快。

(4) 运球绕杆射门练习。在中圈附近，沿球门方向竖起 3~5 根竹竿。球员从中圈开始一次运球过竿，过完最后一竿后射门。在练习过程中，不能漏竿，如果漏竿应返回漏竿处重做。

（三）传球技术

1. 传球的技术分析

木球传球技术，主要包括正手传球、反手传球和传腾空球等。

(1) 正手传球。传球时，两脚前后站立或平行站立，膝关节微屈，双手或单手持握击球板，上端对准球或来球方向，以肩为轴，由下往后上方向前下方挥摆击球板将球传击出去。击球时，用击球板弯头处击球的后中部。击球后，手持握板要有忽停动作。其动作关键是要有忽停动作，注意由后上方往前下方挥摆击球板时，肩关节要放松，对准球的后中部。

(2) 反手传球。反手传球的动作方法与正手传球基本相同，不同的是对运动中来球判断迟缓，易造成使用反手传球动作较慢，对击球准确性带来影响。

(3) 传腾空球。根据来球的运行路线确定击球点，身体面对来球方向，支撑脚上一步，脚尖朝向出球方向，然后以肩为轴，双手或单手持握击球板向着来球方向，由前往前上方摆动击球的中部。在击球时，眼睛始终注视球，运用这一技术时，一定要注意判断球的运行路线及击球点。肩部放松，避免挥摆板迟缓，造成击球失误。

2. 传球的实践教学

(1) 传球练习。第一，两人一组连续对传，从相距 30 厘米开始，边传边往后退加长传球距离，退到适当位置后再边传边向前缩短传球距离。第二，分成 3 人或 4 人一组，定时按顺序传球，看哪组传球次数多。

(2) 射门练习。第一，在球门柱中点竖一标志绳或杆，分组进行，让每人进行 10 次点球射门比赛，射进两侧的小门得 1 分。第二，传球射门。运动员将球传给站在罚球弧附近的同伴，然后立即插上接同伴传来的球进行射门。

（四）射门技术

1．射门的技术分析

木球的射门技术包括击射和扫射等。

(1) 击射。保持运球的正确动作，当出现射门空挡时，持握击球板的手腕向后上方用力翻起，使击球板离开运行中的球，突然向前下方用力敲击运行中球的中下部位，使球射向球门。其动作关键是手腕发力的突然性。

(2) 扫射。两脚前后开立，膝关节微屈，上体稍前倾，重心在两脚之间，面对来球方向，当球到射门一侧支撑脚的附近时，单手或双手持握击球板，用弯头处将球向球门扫射。运用扫射时，一定要注意判断准确，挥摆击球板及时，动作果断有力。若持板手腕后翻接击球的动作不连贯，就会造成击球不准的失误。

2．射门的实践教学

射门技术教学重点及难点应放在突然用力击球的环节上。教学时，应该先学习原地射门，掌握了突然发力动作后，再进行运球中的各种击射的练习方法。

(1) 两人相对站立，相距 5~6 米，用击球板对击球。

(2) 两人一组，一人在球门前 8 米处站立，扫射不同方向传来的球。

(3) 两人一组，相距 5~6 米，平行向前运球，做击射球练习。

（五）抢截球技术

1．抢截球的技术分析

在木球项目中，可采用两种方法进行抢截球，即戳球抢截和勾球抢截。

(1) 戳球抢截。在与对手并肩跑动中或是在对手附近时，当对手向同伴传球时，降低重心，同时迅速跟上，用击球板将球戳住并把球控制好。运用戳球抢截技术时，一定注意上前或移动时，动作迅速，抢截的时机要准确，否则就会抢不到球。另外还要注意抢球时身体重心要跟上，控制好球。

(2) 勾球抢截。两脚前后开立，两膝微屈，重心落在两脚之间，面对对手。当对手运球靠近自己时，支撑脚立即用力蹬地，同时迅速伸出击球板，准确用击球板弯头处迅速有力地将球勾抢过来，并把球控制好。运用这一技术时，如果掌握不好抢球时机，就勾不到球；勾球动作不迅速就会让对手突破防线。因此，勾球动作要迅速、有力，判断要准确。

2. 抢截球的实践教学

抢截球技术的教学重点和难点应放在判断抢截的时机和运用正确的抢截方法上。在练习中，先做向前跨步抢球的模仿动作，或两人一组在慢速的一攻一防中练习，待动作掌握后，可在对抗中或快速运行中进行练习。

(1) 两人一组，一人控球，一人勾球，交替进行练习。

(2) 两人一组，一人运球，一人防守，在攻防中防守者练习勾抢球。

(六) 守门员技术

1. 守门员的技术分析

木球项目技术中守门员技术包括选位、准备姿势、移动、用板挡球、半分腿挡球和双腿侧躺挡球等。

(1) 选位。选位是指守门员首先要选择正确合理的位置。一般应位于射门点与两球门柱连线形成的角的分角线上，并随时根据球的运行路线及时调整位置。

(2) 准备姿势。两脚左右开立，约与肩宽，两膝自然弯曲稍向内扣，脚跟稍提起，重心落在前脚掌上，上体稍向前倾，两臂自然垂于体前侧，持握击球板，两眼注视来球。守门员左右调整位置的移动，一般采用交叉步、侧滑步、并步和滑步等。

(3) 用板挡球。两脚自然开立，两膝稍弯，重心在两脚间，两眼注视球的运动方向。当球射向球门时，双手或单手持握击球板用正手或反手将球挡住，击球板触球后主动后撤，将球控制在体前侧。

(4) 双腿侧躺挡球。身体重心先移向来球的异侧，同时双脚用力蹬地向来球一侧滑出，身体展开，随着大腿、臀部、手臂和上体外侧依次着地，手掌撑地，接着用双腿侧躺挡住射来的球。

(5) 半分腿挡球。当球射来的瞬间，一侧腿向来球方向用腿外侧沿地面侧向滑出，接着小腿外侧、大腿外侧和臀部依次着地，用侧伸的腿挡住对方射门的球。

2．守门员的实践教学

守门员技术教学重点与难点应放在半分腿着地滑出或双腿侧挡技术动作环节上。按先静止后移动的原则进行。

(1) 两人一组，间距 3~5 米，相互进行传、挡球。要求判断准确，挡球果断，控制好球。

(2) 肢体做原地半分腿和双腿侧躺滑出动作。

(3) 在球门前移动进行各种挡球练习。

第三节　毽球发展及实践指导

毽球运动是一种在民间广为流传的传统体育，其对场地和器材的限制非常小，而且所需要费用也很少，几乎随时随地都可以开展。另外，毽球运动对参与者的性别和年龄也没有限制，是一种男女老少皆宜的传统体育项目。毽球的踢法有很多种，有单人踢、双人踢、多人踢；有正踢、反踢、交叉踢等几百种花样。毽球运动寓游戏于运动，只要合理掌握运动量，不但可以强身健体，亦可获得极大的乐趣。

一、毽球项目的起源与发展

据历史文献和出土文物证明，踢毽子起源于我国汉代，盛行于六朝、隋、唐、宋。据记载，南北朝北魏时，河南嵩山少林寺的祖师跋陀在去洛阳的途中遇到了 12 岁的惠光在天街井栏上踢毽子，连续踢了 500 次，赞叹不已。宋朝的《事物记源》中对踢毽子有较详细的记载："今时小儿以铅锡为钱，装以鸡羽，呼为毽子，三四成群走踢，有里外廉、拖枪、耸膝、腆肚、佛顶珠等各色。"另据宋人周密的《武林旧事》中介绍，在宋代的临安城（今杭州），还有专门制作毽子的作坊和出售毽子的商店，这也从一个侧面反映出宋代踢毽子活动之盛。明、清时期，踢毽子进一步发展。

至清末踢毽子活动更加广泛，并且已发展到数人同踢的技巧运动，而且把踢毽子和书画、下棋、放风筝、养花鸟、唱二黄等并提，青少年参加者更为普遍，当时就有这样的童谣："一个毽儿，踢两半儿，打花鼓，绕花线儿，里踢外拐，八仙过海，九十九，一百。"说明踢毽子已经达到了相当普及的程度。

中华人民共和国成立后，毽球得到了空前的发展。1950 年，北京市吸收以踢毽子糊口的街头艺人，并于杂技团中专设了踢毽子节目，在出国进行表演时受到了国外观众的热烈欢迎。1961 年，中央新闻电影制片厂拍摄了《飞毽》的电影，对毽球运动的发展起到了很大的推动作用。1963 年，踢毽子被国家确定为提倡开展的体育项目，被编入小学体育课程教材。到 20 世纪 80 年代，毽球运动得到迅速普及，广泛开展于工厂、学校、机关和企事业单位。北京、广州、中山、武汉、上海、承德、天津、丹东等"毽球之乡"也日益发展起来。

毽子的第一次正式比赛是广州市体委于 1956 年举办的。1984 年国家体委将毽球列为全国正式比赛项目，1986 年编写出版了第一本《毽球竞赛规则》。自此，毽球进入全国少数民族传统体育运动会，以及农民、职工和大、中、小学生运动会等赛事，同时还有专门的毽球邀请赛和锦标赛，毽球运动从此朝着规范化的方向发展。1993 年首届国际毽球邀请赛在重庆举行。1999 年，由中国、越南、德国、匈牙利、老挝发起成立了世界毽球联合会。近年来，毽球的赛事更是络绎不绝，极大地推动了毽球在国内外的广泛开展。

二、毽球项目的技术实践

(一) 准备姿势技术实践

在毽球运动中，准备姿势与移动是最基本的技术，这两项技术是其他各项技术运用的纽带。准备姿势与移动是相辅相成的，做好准备姿势是为了更好地移动，而快速地移动是以准备姿势为基础的。

1. 准备姿势

在毽球运动中，运动员在做起动、移动和击球前的身体姿势即为准备姿势。准备姿势根据两脚开位的不同，可以分为左右开立准备姿势和前后开立准备姿势。

(1) 左右开立。两脚左右开立，比肩略宽，两膝弯曲，上体前倾，微微提踵，将重心放在前脚掌，两肩的垂直面超过膝部，两臂自然弯曲放在体侧，全身肌肉适度紧张，双目注视来球。

(2) 前后开立。两脚前后开立与肩同宽，两脚尖正对前方，后脚跟稍提起，膝关节保持一定的弯曲。将上体稍前倾，重心靠前，两臂放松，自然弯曲置于体侧。全身肌肉不宜过分紧张，应适当放松，两脚保持微动状态，两眼注视来球。

2. 移动

队员从起动到制动之间所采用的身体位移方法即为移动。在毽球运动中，两三步的短距离移动使用较多。常用的移动步法主要有左右滑步、前上步、后撤步、跨步、并步、跑步、交叉步等多种。

(1) 左右滑步。左右开立准备姿势，左（右）脚用力侧蹬，重心侧移，同时右（左）脚向侧迈出，左（右）脚迅速蹬地滑动，跟随右（左）脚移动，可连续滑步。

(2) 前上步。前上步或斜上步时，踢球脚蹬地，支撑脚向前或斜前方迈一步，踢球脚跟上，成踢球准备姿势。

(3) 后撤步。后撤时，支撑脚向后蹬，重心后移，同时踢球脚向后迈出一步，支撑脚跟上，成踢球准备姿势。

(4) 跨步。支撑脚向前或斜前方蹬地,重心降低前移,击球脚沿地面跨出,插入球下成救球姿势,两手臂自然摆动保持身体平衡。在来不及移动或快速移动后的衔接中,跨步运用较多。

(5) 并步。前并步时,右(左)脚向前蹬地,将身体重心前移,左(右)脚向前迈一步,同时右(左)脚跟上并步。左(右)侧并步时,右(左)脚向左(右)侧蹬地,将重心向左(右)移,左(右)脚向左(右)侧迈出一步,右(左)脚跟上并步。

(6) 跑步。跑步在球的落点距离身体较远时采用。跑步时,起动的步子要小,步频要快,然后逐渐加大步幅,两臂要配合摆动,在接进来球时,减速制动,逐渐降低重心做好击球前的准备姿势。

(7) 交叉步。若向右侧交叉步移动时,将上体稍向右移,左脚内侧蹬地从右脚前面向右交叉迈出一步,然后右脚再向右跨出一步,同时身体转向来球方向,保持击球前姿势。

(二) 发球技术实践

发球是进攻的开始。在毽球比赛中,发球技术的运用十分关键,往往决定着比赛的胜负。发球的方法有很多种,根据球接触脚的部位不同,可以将发球技术分为脚背发球和脚侧发球两大类。

1. 脚背发球

脚背发球又可根据发球对身体与球网的关系分为正面和侧身两种。

(1) 正面脚背发球。在毽球的所以发球方式中,正面脚背发球是最简单的一种,同时也是比赛中应用最广泛的发球技术。相较于其他的发球方式,正面脚背发球的准确性和成功率较高。

准备正面脚背发球时,将身体正对球网,前后开立,左臂自然前伸,掌心将球托于体前。然后,左手把球垂直向上轻轻抛起,球约在右脚前方40厘米处下落;发球队员重心前移,右脚踝关节绷直,利用抬大腿、踢小腿的动作,在离地面20

厘米高度，抖动加力将球击出，把球发入对方场区。脚的击球部位应在脚背正面食趾的跖趾关节处。发球队员在发球时，重心要跟进，踝关节要绷紧、绷直，大腿带动小腿。

(2) 侧身脚背发球。相对应正面脚背发球方式，侧身脚背发球难度要大一些。在击球时一定要注意身体的协调性发力，保持身体平衡，尽可能地提高发球的准确性和成功率。在毽球训练和比赛中，侧身脚背发球运用较多。

准备侧身脚背发球时，将身体侧对球网，左脚在前，两膝微屈，重心落在两脚之间，左臂自然前伸，掌心托球于体前。然后，左手把球垂直向上轻轻抛起，球约在右脚内侧体前 50 厘米处下落；发球队员身体重心前移，以支撑脚的前脚掌为轴向左转体，踢球腿以髋关节为轴，大腿带动小腿由后向前摆动，脚背自然绷直，拇趾尖向斜下指，以脚背正面或稍外侧一点的跖趾关节部位击球，将球击入对方场区。

2. 脚侧发球

在通常情况下，脚侧发球都是从正面发起的。脚侧发球有正面脚内侧发球和正面脚外侧发球两种。

(1) 正面脚外侧发球。在发球前，将身体正对球网，两脚前后开立，左脚在前，发球时，抛球于右脚前，绷脚尖，右腿由后向前摆动，足踝内转，用脚外侧加力将球击入对方场区。

(2) 正面脚内侧发球。在准备发球前，将身体正对球网，前后开立站好。持球抛脚前，抬腿加转髋，内踝加力送推球。与正脚背发球的准备姿势基本相同，发球者重心前移，髋、膝关节外翻，屈膝向前摆动，当身体重心超过身体垂直面后，支撑脚向后蹬地，加速重心前移，髋、膝关节加力外翻，发球脚踝关节背曲用脚弓内侧中部把球发入对方场区。而后发球脚迅速着地保持身体平衡。注意发球时要用大腿带动小腿。

(三) 踢球技术实践

踢球是运动员用膝关节以下某一部位将球击向预定目标的技术动作。常见的踢球方法有膝盖踢球和脚部踢球，具体的脚部踢球又可分为脚内侧踢球、脚外侧踢球、正脚背踢球。

1. 膝盖踢球

用右手持毽子，将两腿自然开立，右手将毽子向正前上方抛起，左腿支撑，右腿屈膝向上抬起（约与地面平行），用膝盖上方平面部位击毽子，当毽子下落至膝部上方 20 厘米时，大腿再向上摆发力击毽。动作熟练后可两膝交替进行，如图 3-1 所示。

图 3-1

2. 脚部踢球

(1) 脚背踢球。脚背踢球包括脚背屈踢、脚背绷踢、脚背直踢三种，这三种方式的共同点是单脚支撑用脚趾或脚趾跟部踢球。

用右手持毽子，将两腿自然开立，右手将毽子向正前上方抛起，等毽子下落到膝盖下方时，屈踝，脚背抬平向上踢毽，上体微向前倾，注意体会球感并控制踢毽高度，脚背垂直向上用力。熟练后可两脚交替踢。其动作有踢上飞高球、侧身扣球和踢倒钩球三种，如图 3-2 所示。

图 3-2

(2) 脚外侧踢球。以左脚为支撑脚，用右大腿带动小腿，膝内收，小腿向体外侧上摆，击球的一刹那勾足尖，踝关节外屈端平，用脚背外侧把球向上踢起。等毽子下落至膝外侧时再重复踢毽，如图3-3所示。脚外侧踢球可踢上飞高球和斜飞高球。

图 3-3

(3) 脚内侧踢球。将两腿自然开立，左手持毽子于胸前，然后将毽子垂直向上抛起，下落至膝部时，右腿屈膝外展并正摆，用脚内侧中上部向上击毽子，等毽子下落后，再重复用右脚内侧上踢毽子。每踢一次，右脚落地保持身体平稳，然后，再继续踢毽子，踢毽高度可在肩以上，熟练后可两脚交替踢，如图3-4所示。由于脚内侧踢球的攻击力不强，因此，很少用来踢向对方场区，较多的用于传球，在比赛中，可踢上飞高球和斜飞高球。

图 3-4

(4) 脚前掌踢球。脚前掌踢球具体可分为前脚掌拍压球和脚前掌身后踢球两种。

① 前脚掌拍压球。面对网站立，当球在网前时，一腿微曲支撑，踢球腿抬大

腿屈膝提起，前伸小腿，使脚前掌对准来球。同时，支撑腿稍屈，提脚跟，上体后仰，双臂稍曲前摆。在踢球的一刹那，小腿前伸，脚面绷直，脚踝用力，以前掌拍压动作将球击入对方场区，可跳起用脚掌拍压。

② 脚前掌身后踢球。当来球落在紧靠身体后面时，一腿微曲站立，踢球腿屈膝，小腿向后方摆起，使脚前掌对准来球。同时，上体稍微转向来球一侧，在踢球的一刹那，脚踝绷直并用力，用脚前掌将球踢起。

(5) 倒钩踢球。背向球网两脚平行站立，如右脚蹬地起跳，则左腿屈膝上摆，当上摆到最高点时，左脚迅速下落，同时右腿屈膝，大腿带动小腿用力上摆，击球一刹那，脚踝抖屈，以脚趾或脚跟部位踢球，随后左右脚先后落地，并保持身体平衡。

（四）传接球技术实践

在毽球运动中，传接球是指用头、胸、腿、脚等身体有效部位，把对方击过网的球或本方一传的球击起（接球），再传给本方二传手或攻球手的动作（也可作自传自攻）。传接球技术根据传接球时运用的身体部位的不同可分为头部传接球、胸部接传球、腿部传接球和脚部传接球四大类，而腿部传接球又可根据传接球与脚接触部位的不同分为脚背传接球、脚内侧传接球和脚外侧传接球三种。

1. 脚部传接球

在毽球运动中，脚部传接球是最常用的传接球技术。相较于头部、胸部和腿部来说，脚部的灵活性要强一些，因此，脚部传接球的方式也就较多。

(1) 脚背传接球。脚背传接球是脚部传接球中最常用的方法，其灵活性较高，活动范围较大，成功率也相对较高。

在准备用脚背传接球前，将两膝微屈，重心下降，做好准备姿势。接球时，一脚支撑身体，另一脚主动插入球下，脚背与地面基本呈水平，当球快落到脚背上时，利用适度的伸膝和踝关节背屈的协调勾踢动作，把球向上踢起。击球部位应在脚的跖趾关节处，离地面10~15厘米的高度适宜作为击球点。为了提高或保证传接球的准确性和成功率，具体可通过脚背面的变化、踝关节背屈勾踢的程度来调整击出球的方向、弧度和落点。

(2) 脚外侧传接球。相较于脚背传接球，脚外侧传接球的活动范围较小，对击球方向的把握准确性较低，不利于得分，因而其这种传接球方法用得较少。

在用脚外侧传接球时，将两脚自然开立，两膝微屈，双眼注视来球。接球时，将重心移到支撑脚上，击球腿的髋、膝关节内扣，踝关节背屈，膝、踝关节外翻，使脚外侧尽量与地面平行，击球是利用小腿快速屈膝上抬的动作向体后上方击球。脚接触球的部位在脚外侧面的中部或中后部。为取得较好的传接球效果，要注意保证击球点的高度，以不超过膝关节为宜。

(3) 脚内侧传接球。脚内侧传接球也是一种比较常用的传接球方法，相较于脚背传接球来说，脚内侧传接球的简易性要差一些，在运用脚内侧传接球时，传接球者必须及时调整好身体姿势才能去进行传接球，否则就会出现失误。

在用脚内侧传接球时，将两脚前后自然开立，踢球脚在后，两膝微屈，两手臂放松自然下垂于体侧。眼睛注视来球，接球时，身体重心应移到支撑脚上，踢球腿大腿带动小腿由后向前上方摆动。在摆动过程中应逐渐形成髋关节外张、膝关节弯曲、踝关节内翻的基本姿势。击球的一刹那脚部击球面端平，击球部位应在脚弓内侧面的中部，击球点一般应在支撑腿膝关节高度之体前 40 厘米处。为了保证传接球的质量，要注意击球的全过程应柔和协调，大腿、小腿应完成向前上方送球的动作，尽量准确地做每一个动作。

2. 腿部传接球

腿部传接球就是用大腿或小腿来进行传接球，通常运用较多的为大腿传接球。

将两膝微屈做好准备姿势。当球飞近大腿时，将重心移到支撑腿上，击球腿自然屈膝，大腿带动小腿由后向前上方快速抬起，用大腿的前 1/3 处击球，抬腿力量的大小应根据球的弧度和落点要求加以控制。

腿接触球时应与地面保持一定角度，形成良好的反射角。腿部传接球的重点是要把握好来球的方向和击球的方向，应尽量避免因没有准确把握击球部位而导致的失误。

3. 胸部传接球

胸部传接球就是用胸部来进行传接球，这一传接球方式在来球偏高，脚部和腿部都无法够到时比较常用。

在准备胸部传接球时，判断来球，移动胸堵。当来球偏低时，可采用屈膝姿势，偏高则可跳起胸堵。击球时，两手臂微屈自然置于体侧，身体自然挺胸、伸膝，身体重心上移，给球向前上方一个作用力，使球呈小弧度飞行下落。由于胸部活动范围小，一定要控制好球的飞行方向，可根据具体情况运用左右转体，压肩动作对球的飞行方向进行适当调整。由于胸部传接球的灵活性较差，不太方便发力，因此，为保证产接球的质量和成功率，一定要注意把握好来球的速度和方向，如图 3-5 所示。

图 3-5

4. 头部传接球

准备进行头部传接球时，首先要准确判断来球方向，及时移动使身体正对来球方向。当来球飞近额前时，头颈应有主动迎球的动作。当球快触击到前额的一瞬间，及时抬头触击球，顺势把球击起。整个动作要连贯，使触击前额的球向前上方成小弧度下落。头部击球动作可根据来球的高低，在原地或跳起空中完成。在进行传接球时，眼睛要一直注视着球，直到根据场上情况，将球传向处于有利位置的队友那里，或直接打人对方场区为止。另外，在传接球过程中，还要注意把握好来求的方向和速度，以保证传接球的质量，如图 3-6 所示。

图 3-6

(五) 攻球技术实践

攻球是毽球的基本技术之一，其是获得发球权和得分的重要手段，是进攻中最积极有效的武器。将高于球网上沿的球直接攻入对方场区的一种击球动作，即为攻球技术。攻球技术可根据击球时所采用的部位不同分为脚攻技术和头攻技术两大类。其中脚攻球又可分为脚踏攻球、倒钩攻球和吊球。

1. 脚部攻球

在毽球运动中，脚部攻球是进攻得分的主要手段，也是训练和比赛中，使用最为广泛的攻球方式。根据攻球所用的脚部位的不同，可分为脚掌攻球和脚背攻球。

(1) 脚掌攻球有三种方式

① 正面脚掌前踏攻球。进攻队员身体面对球网，运用腿充分提起后快速进行下压的动作，以脚掌击球，把球踏入对方的一种动作，即为正面脚掌前踏攻球。正面脚掌前踏攻球对来球方向的判断准确性要求较高，使用时要注意。

在正面脚掌前踏攻球时，将两膝微屈面对球网站立，判断二传来球，通过适合的助跑选择最佳支撑脚的位置，随后击球腿的踝关节自然背勾，大腿带动小腿迅速上摆到最高点，支撑腿伸直。提踵或跳起提高击球点，两臂自然上摆，身体向上伸展，控制平衡。击球时，一般当球落在头前上方离身体 50 厘米处时，击球腿依次利用髋、膝、踝的力量"鞭打式"下压，用脚掌前 1/3 处击球。

远网球可展髋发力，近网球可屈膝踏球，还可利用身体方向的变化打出不同线路的球。

② 侧身里合脚掌前踏攻球。侧身里合脚掌前踏攻球是指队员身体侧对球网站立，当传起的球飞到体前高于球网时，可突然采用转体里合摆腿动作，用脚掌将球攻入对方场区的一种动作。在毽球比赛中，这种方法运用较为普遍。

在侧身里合脚掌前踏攻球时，将身体侧对网站立，判断来球的情况，支撑腿上步调整人与球的最佳位置，随后击球腿直腿向上里合摆动到最高点，脚自然绷直，踝关节内翻。击球时，当球落在头前上方靠击球腰内侧时，迅速利用转身里合腿的动作，加快摆腿速度并用脚掌的前 1/3 处击球。在大腿里合摆动的同时，应加上小腿屈膝的协调动作，增大攻击的威力。击球后应屈膝收腿，以防触网，击球腿落地时，身体应向异侧方向转体 90°~180°，控制好身体的平衡，准备迎接下一来球。

③ 正面倒钩脚掌吊球。正面倒钩脚掌吊球是指进攻队员先做倒钩动作，在空中突然改变击球动作，采用脚掌托送动作把球吊入对方场区的一种进攻手段。在技术水平较高的队员中，这种攻球方法用得较多。

在运用正面倒钩脚掌吊球攻球前，攻球队员背对网，将两膝微屈做好准备姿势，两眼注视来球情况。当判断二传来球离身体较近，落点在头前上方附近时，采用原地或调整一小步，保持好人与球之间的合理距离起跳，起跳动作要与脚背倒钩强攻的动作基本相似，身体腾空后突然变脚背倒钩动作为脚掌吊球。在击球时，击球腿微屈上摆，逐步伸直，踝关节背屈，当摆到脚底与地面几乎呈水平时脚掌击球，运用腿向后摆的托送动作，把球吊入对方场区空当。在完成空中击球动作后，击球腿自然前摆下落，摆动腿先落地缓冲，控制身体平衡，并做好准备，迎接下一来球。

(2) 脚背攻球也有三种方式

① 外摆脚背倒钩攻球。外摆脚背倒钩攻球是一种最常用的攻球方法，其是指传起的球在击球脚同侧外面，进攻队员运用脚背外摆，加之膝、踝关节的倒钩动作把球攻入对方的一种进攻手段。

在用外摆脚背倒钩攻球技术时，稍向右侧身背对球网站立，将两膝微屈，两眼注视二传来球情况。起跳时，膝踝关节充分蹬直，摆腿和摆臂动作有力。身体腾空后，击球腿迅速屈膝上摆。在击球时，当球落在头上方右侧约 50 厘米处时，击球腿迅速外摆，膝关节猛力伸踢，最后用踝关节的勾踢动作把球攻入对方场区。击球后，应控制击球腿在空中的动作幅度，以防触网犯规。落地时，注意摆动腿应先落地缓冲，击球腿随后落地，以使身体保持平衡，并做好准备迎接下一个来球。

② 里合脚背倒钩攻球。里合脚背倒钩攻球的难度较大，其是指击球点在攻球脚异侧肩的前上方，进攻队员利用转体大腿里合、膝踝关节的倒钩动作把球攻入对方的一种进攻手段。

在里合脚背倒钩攻球时，背对球网站立，两膝微屈，判断二传来球，调整好准备姿势。助跑起跳要充分，摆腿和摆臂动作要协调有力，并准备向左侧转体。起跳腾空后，摆动腿膝外展，向左转体，击球腿由外向内里合摆腿，使身体产生向左旋转。在击球时，当球落在左肩的头上方时，膝关节快速发力，最后用踝关节的勾踢动作把球攻入对方场区。击球后摆动腿先落地缓冲，击球腿随后落地，马上进行下一个动作的准备。

③ 凌空里合脚背倒钩攻球。凌空里合脚背倒钩攻球是指传起的球在击球脚异侧肩外面的前上方，进攻队员充分起跳，身体凌空平卧在空中，利用转体，加之膝、踝关节的倒钩动作把球攻入对方的一种进攻手段。

在里合脚背倒钩攻球时，背对网两膝微屈做好准备姿势。二传传球后，攻球队员判断二传球离网的远近和弧度，及时采用适合的助跑方式进行助跑起跳，在起跳时，摆动腿和手臂积极上摆，并伴有向左转体的动作。在身体腾空后，摆动腿膝外展，身体后仰左转，起跳腿迅速屈膝里合上摆，踝关节自然绷直，整个空中击球过程中身体几乎处于平卧凌空状态。击球时，当球落在左肩外侧、头的前上方时，击球腿充分抬高，利用腰腹力量的转动和小腿的加速摆动，最后用踝关节有力的勾踢动作把球攻入对方场区。在攻球结束后，身体继续左转，击球腿下摆，以保持身体的平衡，然后右脚和左脚依次缓冲着地，准备迎接下一个来球。

2. 头部攻球

头部攻球技术在来球的位置较高，脚及腿部很难或者无法够到时运用较多，并根据场上情况将球攻入对方场区，使对方因来不及判断球的落点和速度而代之失误。

在运用头部攻球时，队员站在限制线后 1.5 米左右的地方，正对球网，面对来球，观察二传的传球情况，根据传球的弧度和落点不同，采用不同的助跑方式进行起跳，上体挺胸展腹、扭腰、向后预摆头，使身体呈反弓形。当球离头 10 厘米左右时，利用收腹转腰来带动屈颈"狮子摆头"动作，用头发在额前如挥鞭子式地抽击动作将球攻入对方场区。在落地时，应由前脚掌过渡到全脚掌，同时顺势屈膝，以缓冲下落的力量，并立即准备做下一个动作。落地姿势可以用单脚，也可以用双脚，根据个人习惯和喜好而定即可。

第四节　珍珠球发展及实践指导

珍珠球是我国民运会的重要竞赛项目之一，它具有极高的观赏价值，因而受到大众的欢迎和喜爱，故珍珠球运动的发展前景非常光明。

一、珍珠球项目的起源与发展

珍珠球原名为"采珍珠"，满族语称为"尼楚赫"。在古代，采珍珠是为了满足人们生活需要，而佩戴珍珠是古代满族人的习俗。为了满足自身的娱乐需求，当时的满族人在陆地上模仿在水中捞取珍珠的情形，从而创造了采珍珠游戏。后来随着满族入关，采珍珠这项游戏便被带到了汉族或其他少数民族聚居的地方。

在第 3 届全国少数民族传统体育运动会上，采珍珠作为表演项目，受到广大观众的欢迎和专家好评。1991 年，采珍珠被正式列为第 4 届全国少数民族传统体育运动会的正式比赛项目。2001 年 5 月，在沈阳举行的全国珍珠球邀请赛上开始使用新规则，水区由原来的 3 名运动员变为 4 名运动员，在得分区和封锁区之间增加了一道宽 40 厘米的隔离区。得分的分值也发生了改变，根据抄球运动员抄球后双脚落点的不同，分值由 1~2 分不等，这使得珍珠球比赛的得分手段更加多样化，同时也使得比赛更具有观赏性和对抗性。

二、珍珠球项目的技术实践

(一) 传球技术实践

珍珠球中最常用的两种传球技术为：单手体侧传球和单手肩上传球。

1. 单手体侧传球

单手体侧传球是珍珠球比赛中的基本传球方法，具有出手快，动作幅度小，便于突破时与其他射球技术结合运用的特点，能创造良好的进攻机会，多用于外围转移球及供内线球。

具体方法为：两脚前后开立，两膝微屈，重心落在右（后）脚上，右手持球于体侧。传球时，利用右脚蹬地，向左转体带动右臂，以肘领先，前臂与地面平行向传球方向挥摆，掌心对着传球方向，最后用屈腕和食指、中指和无名指的力量将球传出。

2. 单手肩上传球

单手肩上传球也是珍珠球比赛中最基本的一种传球方法，具有迅速有力的特点，在不同方向、不同距离和不同位置均能运用，与射球结合运用得好，具有较强的攻击性，可运于快攻长传和外围转移球。

具体方法为：两脚前后开立，两膝微屈，重心落在右（后）脚上，左肩侧对传球方向，右手持球于体侧。准备传球时，右手将球由下向后引至肩上，掌心对着传球方向；传球时右（后）脚蹬地，重心前移并向左转体，以肩带肘，向前挥臂，在球即将离手的瞬间屈腕，用食指、中指和无名指的力量将球传出。

（二）运球技术实践

运球是珍珠球运动中一项最基本的技术，是持球队员在原地或移动中，用单手连续拍按从地面反弹起来的球。

具体方法为：两眼平视，五指自然分开，以肘为轴，手心向下，用力向前下方拍按，球的落点在身体侧前方，球的反弹高度在胸腹之间。如果向前直线运球，拍在球的后上方；如果向左或右变向时，拍球的部位有所改变，要拍在球的右或左侧后方。

（三）接球技术实践

根据来球部位不同，可将接球技术分为胸部高度的球、高球和低球三种，并根据接球手法的不同，可分为单手接球和双手接球两种。

(1) 单手接球。五指自然分开成勺形，向来球伸出，当球触手后，手臂顺势回收缓冲，然后直接挥臂射球或成单手持球姿势。

(2) 双手接球。接球时，两眼注视来球，两臂向来球伸出主动迎球，五指自然分开稍向上翻，手掌向前成半球状，当球触及手指的瞬间，两臂迅速随球向后回收缓冲把球接住，同时保持身体平衡，以便接下一个动作。

（四）投球技术实践

珍珠球中投球技术可分为原地投球、跳起投球和跑动投球三种；根据投球出手的部位又可分为原地单手肩上投球、跑动单手肩上投球、向前跳起单手肩上投球、向上挑球单手肩上投球和跳起体侧投球五种。

(五) 持球突破技术实践

持球突破是持球队员运用脚步动作和运球技术超越对手的一项攻击性技术。比赛中,掌握好突破时机,合理地运用突破技术,既能直接切入得分,又能打乱对方的防守部署,创造更多的攻击机会,增加对手的犯规,给对方防守造成较大的威胁。如能把突破与投球、分球结合运用,进攻就会更加机动灵活,效果更为显著。

(六) 抄网技术实践

抄网技术是珍珠球运动中最主要的基本技术之一,其技术可分为以下几种。

(1) 抄平快球。在抄快平球时,应掌握好时间差和空间差,向前平伸抄网引导投球队员将球抄中。

(2) 抄高抛球。在抄高抛球时,应采用侧身站立,使抄网面与来球成直角,并抄球的低点;若来球是低弧度球或球的落点在得分区时,采用排球扣球技术抄球的高点。

(3) 抄反弹球。在抄反弹球时,应与水区队员建立目光和信号联系,使网面朝下抄反弹球。

(七) 防守技术实践

防守对手是指防守队员合理地运用各种防守动作,积极抢占有利位置,阻挠和破坏对手进攻,以争夺控制球权为目的的动作方法。

具体方法为:封锁区队员防守应侧身站位,多采用交叉步、滑步和侧身跑技术,将抄网队员置于 2 名持拍队员之间,当来球弧度高、速度快时,采用单拍上捅方式改变球的路线,破坏对方抄网。当来球弧度平时,用夹接球、双拍封挡。另外,2 名持拍队员要注意配合,组成更大的防守面积:当 1 名持拍队员防高点时,另 1 名持拍队员防低点,在规则允许的范围内影响抄网队员的视线;当 1 名持拍队员防前点时,另 1 名持拍队员防后点以及防止持网队员反跑抄球。

第四章 民族传统武术项目的发展

中华民族传统武术有着悠久的历史，是我国的国粹之一。经常参加武术习练对人的身体健康具有很大的帮助。武术在我国民族传统体育中占据着举足轻重的地位，在世界上也有很大的影响力。本章就对武术这一充满魅力的传统体育项目展开具体论述。

第一节 武术运动

武术内涵丰富，发展到现在已建立和形成了一定的理论体系，在其教学和训练过程中，要了解和掌握这些理论才能更好地参与教学与训练实践。

一、武术的起源与发展

（一）传统武术的雏形

远古时代，生产力极为低下，原始先民为了生存而不得不与大自然进行各种各样的"战斗"。在长期的生产活动中，人类靠拳打、脚踢、躲闪等徒手动作以及利用石头、木棒和兽骨等原始工具与野兽"搏斗"，在这些过程中逐渐学会了劈、砍、刺等基本搏斗技能。这种原始的、基于本能的技能还没有脱离生产技能的范畴，因此不能看成是武术的萌芽。因为只有人与人之间的搏杀格斗才具有攻守矛盾的存在、符合技击的逻辑本质。但人在与大自然进行抗争的过程中所积累并逐渐演化为系统技能方法的一系列动作形式为传统武术技能的形成奠定了基础。

随着生产力的逐步提高，原始人类在最基本的生存需要得到满足后，就开始有了更多精神生活的需求，此时，武术以其独特的御敌自卫功能和健身和娱乐价值受到人们的欢迎和喜爱。但当时技击之术仍然主要用于格斗，它存在于民族与阶级的战争中、人与人之间的搏斗中。

旧石器时代，人类生产力有了很大的飞越，在旧石器时代晚期，石器、石球、石斧和石铲等大量石器工具产生并快速发展；新石器时代，石刀、骨制的鱼叉、箭镞、铜钺和铜斧等生产工具使人们的生产和狩猎进一步得到提高。一系列生产和狩猎工具的创新和发展使人类的劈、刺、点、崩、撩、踢、打、摔、挂、斩、扎、扫、缠、穿、架、跌等技术不断成熟。这一时期，武术的雏形已初步显现，人类在生产劳动和部族战争中萌芽和发展的武术形式，构成了原始社会时期人类文化的重要组成部分，但从本质上讲，原始社会的武术还没进入有目的、有计划和有组织的体育活动范畴，因此，还不能称之为真正的武术。

(二) 传统武术的诞生

在人类发展历史中，传统武术正式萌生于人与人的战争中。原始社会末期，大规模的部落战争开始出现。传统武术的诞生初期，主要表现为以下三个特点。

(1) 人与人的搏杀格斗在客观方面促进了器械的制作以及技击技术的发生和发展，《吕氏春秋·荡兵》记载："未有蚩尤之时，民固剥林木以战矣。争斗之所自来者久矣，不可禁，不可止。"

(2) 兵器的发展促进了使用兵器技术的进步，战争将人类的格斗技能从原始生产劳动中分离出来。这一时期，人与人的搏杀格斗才使得大量磨制锋利的生产工具逐渐演变为互相残杀的武器，使用兵器的技艺及战争所需的格斗技能也逐渐从生产技术中分离出来，武术作为一种独立的社会技能开始形成并发展起来。

(3) "武舞"的出现为之后武术套路的形成奠定了基础。原始社会人们进行狩猎和战事活动前后的"武舞"促进了传统武术动作套路的发展。据史籍记载：大禹时期三苗部族多次反叛，部落间战争不断，后来，禹停止战事，让士兵持盾斧操练"干戚舞"，并请三苗部族的人观看，三苗部族被慑服而臣服于大禹。"干戚舞"是古代众多"武舞"中的一种。从表面上看，古代"武舞"是对狩猎或战争场景的模拟，用于鼓舞族民或震慑敌人；从现实角度来看，武舞是对搏杀技能的一种操练；从本质上讲，武舞融知识、技能、身体训练和风俗习惯等于一体，将用于实战格杀的经验按一定的程序进行演练，使古代人们对武术的认识由感性向理性的升华。

(三) 传统武术的形成

传统武术的最终是在阶级社会逐渐形成，其形成主要表现在以下几个方面。

(1) 武术体系的初步建立。人类社会进入阶级社会后，在不断发生的部族战争和家族私斗中，非常实用的击、刺、出拳和踢腿等技术动作被人们模仿、习练和传授。因此，人类的搏斗经验不断得到丰富，搏斗技能进一步规范化和实用化，再加上兵器的发展，武术体系逐步形成。

(2) 民间武术的发展。奴隶社会时期，由于战争的需要，武术成为专门为统治阶级服务的军事技能，随着生产力和生产方式的不断进步，奴隶社会矛盾不断加剧，奴隶制的崩溃使得奴隶主贵族在军队和教育方面垄断武技的局面被打破，"士"阶层和"游侠"开始出现并在当时日渐活跃，这标志着武技开始走向民间。民间的武术技艺主要是以个体性为基础，呈现出多样化的发展趋势。

(3) 武术理论的萌生。为了提高武术技能，习武者不断进行钻研、尝试和比较，武术开始讲究攻防技巧和战术打法的多样化（如进攻、防守、反攻和佯攻等），随着武术技能的丰富和发展，武术理论在人类社会开始逐步萌生。

二、武术的定义、特点及作用

（一）武术的定义

武术在历史上各时期的称谓都不尽相同，春秋战国时叫作"技击"，秦代称"手搏"，汉代则称"武艺"，民国时期称"国术"，中华人民共和国成立后，正式定名为"武术"。

武术是一种以攻和防为主要核心，以套路和搏斗为主要运动形式，同时注重内外兼修的中国传统体育项目。在武术漫长的发展过程中，我国传统文化对其影响是举足轻重的。摄养生之精髓，渐渐形成了众多门派和较为系统的技术体系，其中舞步蕴含着中国传统哲理之奥妙，具有鲜明的中华民族特色。

（二）武术的特点

1. 崇礼重道，注重整体

(1) 崇礼。崇礼是传统武术套路产生的重要伦理道德基础。"礼"是指某一时期的典章制度，包括人们的行为规范、规矩和仪节，它影响到中国人的政治、伦理、道德、礼仪、民俗和人们的生活习惯，进而影响到人们的思维方式。这样就使得中国人上至国家大典，下至百姓生活细小的仪节都要有一定的规格和程序，使人们的一举一动高度程式化，这种程式化在武术上就体现出演练的套路。

(2) 重道。传统文化背景决定了武术套路的产生思想基础是对"道"的追求。中国人追求道，而道有原则、方法、方式和路数之义。这种对道的追求在一定程度上表现为对程式性的追求，因此，传统武术的套路是以武术技术的形式表现出来的。

(3) 注重整体。注重整体，即"在对立统一这个宇宙根本规律的把握上，更注重对立面的统一和协同，强调从统一的角度去观察事物，强调事物的整体性和过程性"，这是中国传统哲学天道观的重要特点。在传统武术中，注重整体的思维方式主要体现在武术既注重每一个动作的规格和细节（如孟子所说的"不以规矩，不能成方圆"），又注重单个动作与单个动作之间的衔接，全套动作演练的功力和气势，动作的衔接要顺畅，全套的演练要气韵生动、气势连贯、一气呵成。王宗岳说太极拳"如长江大海，滔滔不绝也"，正是传统武术演练时注重整体的表现。在现在的武术竞赛中，从整体上，从演练的整个过程中去评价武术选手技艺的优劣仍然是十分重要的。

2. 内容丰富，形式多样

传统武术运动的内容和练习形式丰富多样，武术不仅有对抗性练习，还有套路练习；不仅有单人练习，还有双人和多人练习，且拳种丰富，器械多样，汇集了中华大地上不同地域、不同民族的武术运动形式。不同武术项目的动作结构、技术要求、运动风格和运动量都有很大的差别，这主要因为处于不同地理位置的人，受当地地理条件，包括气候条件的影响，他们的文化产生和发展也不尽相同，这就造就了不同地域的人之间性格、民俗和文化特征的不同，正所谓"百里不同风，千里不同俗"；况且中国地理环境复杂，古代交通不便，不同地域的人之间的交流较困难，形成了许多地理环境相对较封闭的地区，因此，中国不同地区所产生的各具特色的武术形式种类多样，各不相同。正是由于传统武术内容丰富、形式多样的特点，才使得练习者不受年龄、性别、体质、职业、时间、季节、场地和器材等限制，均可找到合适的武术运动项目进行练习。

首先，习武者可以根据自己的条件和兴趣爱好进行选择练习。传统武术既包括适合演练的各种拳术、器械和对练，也有竞技对抗性的散手、推手、短兵，还有与其相适应的各种练功方法。不同的拳种和器械有不同的动作结构、技术要求、运动风格和运动量，分别适合不同人群进行选择。

其次，传统武术对场地、器材以及对环境条件的要求极低，练习者可以根据场地的大小变换练习内容和方式。

最后，传统武术一年四季均可练习，相对于其他体育运动项目而言，更加不受时空限制，这都是由其丰富的内容的可选择性和适应性来决定的。

3. 重视攻防，技击性强

技击性是武术的本质特点，武术正是具备了技击性，才得以区别于其他的体育项目。传统武术运动自萌芽和产生开始就具有攻防技击性的特点。尽管武术运动项目众多、种类不一、风格各异，但无论何种套路，都离不开摔、打、拿、击、刺和踢等攻防动作。

传统武术的技击性特点自古有之，而且一直沿用至今。在冷兵器时代，武术作为军事技术和训练手段，与古代战争紧密相连，这使得武术的技术来源于技击实践，经过不断的加工和提高，然后再用于技击实践。随着火器逐步发展，武术的直接技击价值逐步减小，尽管如此，武术仍然保持了技击性这一本质特点，例如武术的一些技击术仍在军队战士和公安武警中被采用。由此可见，武术是由人的技击自卫术发展而来，武术在其流传过程中始终保持了技击性特点，并围绕这一特点发展，全面体现了该特点。具体来说，传统武术的技击性主要表现在以下几个方面。

(1) 传统武术动作方法的技击性。以传统武术的一个极具特色的运动形式——套路运动为例，虽然在套路编排中由于联结贯串及演练技巧上的需要，穿插了一些非攻防技击意义的动作，使得套路动作和传统武术的原形动作相比，在技术规格、运动幅度等方面有所变化，但总的来说，武术套路动作的具体方法却仍然保留了传统武术的技击性特点，即仍然以踢、打、摔、拿、击和刺等技击动作为主，在整体上仍表现为技击性。

(2) 传统武术动作规格的技击性。技击性是决定武术动作规格的基本依据，清吴殳在《手臂录》中说"攻为阳，守为阴"，以太极为例，它讲究刚柔相济。一般说来，攻时奋力突进，力法主刚；守时随人而动，力法主柔，且攻中有守，守中有攻，攻时刚中有柔，守时柔中有刚。这也是其他各武术拳种的共同特点。

(3) 传统武术用力方法的技击性。随着时代的不断发展，近代武术各拳种发生了一定程度的演变，衍生出较为新颖的武术形式，但这些崭新的武术形式仍然具有重要的技击性特点。如太极拳在充分体现传统武术这一基本特点的基础上，发展形成了独特的推手运动，但仍然体现出武术对动作用力方法的技击要求。

总之，发展到现在，虽然传统武术的技击特点已不能和冷兵器时代同日而语，且随着竞技武术技术的发展，武术套路技击特点也有所淡化，但技击特点仍是武术技术的最基本特点，并且这种特点会继续存在。

4. 天人合一、刚健有为

(1) 天人合一。传统武术"天人合一"的特点就是我们现在所提倡的"和谐"。和谐是中国传统文化的最高价值原则，这一原则认为宇宙是一个和谐的整体。这一世界观与重和谐的思维方式一起对中国传统文化产生了深远影响，和谐美是中国文化区别于西方文化的基本差异之一。和谐就是注重人与自然、人与社会及人的自我身心内外的和谐统一。基于传统武术天人合一的思想特点，要求习武者尚武而不随意用武，在解决人与人之间矛盾时讲究先礼后兵，遵循《论语》中"礼之用，和为贵"的思想。

(2) 刚健有为。在我国传统文化中，"刚健有为"的精神是最基本的精神之一，也是中华民族的重要心理要素之一，具体来说，刚健有为包括"自强不息"和"厚德载物"两个方面，这种精神在传统武术中得到了充分的体现。作为一种技击术，传统武术崇尚勇武，追求制胜是必然的。传为宋人调露子所撰的《角力记》中说："夫角力者，宣勇气，量巧智也。然以决胜负，骋矫捷，使观者远怯懦，成壮夫，已勇快也。"

刚健有为的特点能赋予习武者（甚至是观者）一种勇武顽强、一往无前的强者争胜的精神。即使是以动作轻柔缓慢为技术特点的太极拳也是如此。清武禹襄在《太极拳解》中说："气以直养而无害，劲以曲蓄而有余。"所谓"直养而无害"的气，正是孟子所说的"至大至刚，以直养而无害"的"浩然之气"。陈鑫说："何谓气，即'天行健的'一个'行'字……即乾坤之正气，亦即孟子所谓'浩然之气'。"他在论述搂膝拗步时说："此势得乾坤正气以运周身，外柔而内刚，实与乾健坤顺相合。"由此可见，刚健有为的特点既体现在传统武术的外在技术上，也体现在习武者的内在心态上。

5. 内外兼修、形神兼备

中国传统武术是在吸取中国传统文化的基础上发展而来的，受传统文化思想影响较大，具有动作形体规范，精、气、神传意，讲究内外合一的特点。具体表现如下。

(1) 内外兼修。传统武术"内外兼修"中的"内"指人的意识、精神和气息的运行，"外"指人体眼、手、身和步的活动。具体来说，武术"内外兼修"的特点主要是通过武术功法和技法来体现。"内练精气神，外练筋骨皮"是各家各派练功的准则。《老子》中说："是谓深根固柢，长生久视之道。"《吕氏春秋》中认为："精气日新，邪气尽去，及其天年，此之谓真人。"道教的经典《太平经钞》中说："精气神三者混一，则可延年长生。"求肉体成仙长生自然是妄想，但其养生理论却具有一定的科学道理。武术练习强调"内三合"和"外三合"。关于内外相合的理论在武术不同拳种中或直接论及或间接提到，可以说，它是中国各拳种的一个共同要求。在传统武术中，不同功法运动的动作要领中都调整呼吸，使呼吸和动作相互配合，各拳种都把运气调息和动作配合放到了一个很重要的位置，不仅是为了动作的自如化，也是为了通过呼吸的调整锻炼个体的循环系统和其他内脏器官功能。

(2) 形神兼备。传统武术套路演练讲究技术上把内在的精、气、神与外部的形体动作紧密结合，使练习者的意识、呼吸和动作协调一致。在传统武术中，"形"与"神"问题不仅是一个技术问题，它更追求内在"神"的美，中国人往往把主体内在情感表现放在中心位置。我国传统文化领域里不同文化种类（如绘画和舞蹈）都以形神兼备作为要旨。

在传统武术中，形神兼备主要是以拳理形式表现出来，是中国传统文化特点在武术中的反映，具体表现如下。一个（一系列）武术动作是由人体的四肢和躯干不同运动方式来完成的，这就构成了外在的"形"，而且还要通过这个外在的"形"来表现出内在的"神"。总之，"无动作外在的形，就无从表现内在的神"，一个没有或不能充分表现内在的神的动作，必然是缺乏力度、是肤浅的。

6. 传统武术的综合性特点

传统武术是功法、套路和技击术三位一体的体育运动，寓技击、养生、表演和功法、技道于一体。传统武术的综合性主要体现在以下几个方面。

(1) 和其他体育运动形式相比，传统有着强烈的攻防格斗性质（如拳击、摔跤、击剑等），但没有套路演练，不能个人表演。

(2) 有些体育运动虽有内力的训练，但与武术的内功修炼难以比拟。

(3) 竞技体操和艺术体操虽是套路表演比赛的运动形式，但没有格斗的内涵，动作素材也不必具备技击攻防的属性，更没有内功的要求。

总之，传统武术融合了功法、套路、技击、养生和表演等方面，使武术具有很强的综合性特点。功法又称内功，是套路演练和技击术的基础。技击意识是各派拳法共通的属性，技击意识使以表演为特征的套路演练有着一种独特的美质，而功法的严格要求，又使武术较其他运动项目有着独到的养生修身之价值，长期习武可以延年益寿。

(三) 武术的作用

1. 技击作用

传统武术的技击性特点决定了其技击作用。传统武术是一种技击术，习武者通过长期的锻炼可以提高与敌对抗的技能和水平。武术在其历史发展过程中的技击功能作用一直存在。无论是在古代还是在现代，传统武术的技击作用都具有重要的实战价值。在古代，传统武术的技击作用主要用于国家军事方面，故历代统治者都十分重视练兵。《孙子兵法》说："兵者，国之大事，死生之地，存亡之道，不可不察也。"《管子》说："国富者兵强，兵强者战胜。"又有古语称"三军生死相关，国家存亡所系"。由此可见，武术格斗水平在一定程度上体现着国家的军事战斗水平。在现代，传统武术的技击价值主要体现在人与人之间的近距离搏斗中，如公安人员在执行公务时所使用的格斗技术就是武术的表现形式之一，普通民众在习得一些武技后，会加强自身的防卫技能。

2. 健身作用

受传统养生导引术的影响，传统武术将养生和健身之道纳入自己的理论体系之中，要求习武者重视运动、重视生命。传统武术的健身价值早在古代就受到了重视，古语有"搏刺强士体"，它不仅说明传统武术——"搏刺"可以"强士体"，还说明了"强士体"可以更好地"搏刺"，即"搏刺"和"强士体"相互依存。戚继光认为："凡兵平时所用器械，轻重分量当重于交锋所用之器。重则既熟，则临阵用轻者，自然手捷，不为器所败矣，是谓练手之力。凡平时，各兵须学趋跑，一气跑得一里，不气喘才好……凡平时习战，人必重甲，荷以重物。勉强加之，庶临战身轻，进退自速，是谓练身之力。"（《纪效新书·比较武艺赏罚篇》）意思是说通过练习"手之力""足之力""身之力"可以强身，强身利于实战。至清代，习拳者的目的多在于"益寿延年"，王宗岳在《十三势歌》中记载："详推用意终何在?益寿延年不老春。"由此可见，传统武术的健身价值十分突出。

以长拳为例，长拳类动作手法、身法、步法多变，屈伸、跳跃、翻腾和平衡等动作丰富，通过长拳的练习可以充分调动身体的各个器官参与运动，可以促进机体的新陈代谢，有利于习武者各项身体素质的相互协调发展，具有良好的健身作用。

3. 教育作用

武德是习武者必须修持的重要内容之一，是习武者的一种自我约束与精神自律体系。受中华民族重礼仪、讲道德的优良传统的影响，习武者历来十分重视武德教育。从武术的发展历程来看，传统武术的教育作用一直备受重视，并传承至今。

在古代，所谓"习武以德为先"，正是对传统武术教育作用的最好写照之一，古人"乃教之六艺"（《周礼》），并设立专门的教育机构，《孟子》曰："设为庠序学校以教之。庠者，养也；校者，教也；序者，射也。"十分重视文武教育。

明清时期，武术进入书院，如著名思想家和教育家颜元在他所主持的漳南书院设武备课，"习礼、歌诗、学书计、举石、超距、击拳，率以肄三为程，讨论农兵，辨商今古"。

发展至民国，传统武术被正式列为学校体育课程，并有了专门的武术教材，有意识地激发学生的民族意识，培养人们穷则思变、奋发图强的精神。在当今社会，随着体育事业在我国的地位不断提高和体育运动的快速发展，传统武术被纳入学校教育，成为我国学校教育的重要组成部分，事实证明，对广大青少年进行武德教育，能很好地提高他们的自我修养、增强其社会责任感，有利于维护正常的社会秩序。

4．防卫作用

攻防是传统武术运动的本质特征和主要内容。习武者通过长期的技法练习，不仅可以强身健体，提高自身的运动水平和身体素质，还可以习得一定的攻防格斗技能用于防身自卫。武术的防卫功能在现代显得更加突出。虽然现代武术的技击性不是很突出，但习练者可以通过武术专项训练，学习攻防含义，掌握一些基本的防身技巧，以提高自身的安全感，如在遇到人身安全和财产安全受到威胁时，习武者能镇静面对、有效防卫，保护自身及他人的生命和财产安全。

5．经济作用

体育运动能为经济发展带来健康的劳动力，还能作为一种产业直接推动经济发展。武术作为一种体育项目和一种传统文化，对经济发展具有特殊的促进作用。具体表现如下。

传统武术具有强身健体作用，能提高劳动者身体素质，从而间接促进经济发展。具体来说，通过武术的修养和练习能增加练习者的身体健康、延年益寿，为社会竞技的发展提供高水平的劳动力，提高生产力。

传统武术是我国优秀传统文化的重要组成部分，它不仅仅是一种运动技法，更是一种精神产品。

传统武术的发展能带动其周边实物经济的发展。例如，通过武术教学收取学费，通过武术比赛收取门票，销售与武术相关的器材和服装获得收益等，虽然这不是武术本身所创造的价值，但和武术的发展有着密切关系。武术的这些附加产品可用于社会交换，创造社会财富。总之，传统武术具有重要的经济作用，能为社会直接或间接地创造巨大的经济财富。

6. 观赏作用

作为体育运动的一种，和其他体育运动项目一样，传统武术具有很高的观赏价值。传统武术不仅可以展现人体运动之美，还可以展现人在攻防技击中的各种技巧，因此具有较高的观赏功能。

传统武术形式多样、内容丰富，武术表演历史悠久，具有广泛的群众基础。例如，汉代的"角抵戏"，类似于现代的二人摔跤比赛；唐代杜甫有"昔有佳人公孙氏，一舞剑器动四方。观者如山色沮丧，天地为之久低昂"（《观公孙大娘弟子舞剑器行》）的诗句，描述了当时演练者精湛的技艺和观众入神的观看情景；宋代十分流行相扑比赛表演，当时不乏民间高手，宋代专门供表演的勾栏瓦舍时常有各种精彩的武术操练和表演。

长期以来，中国传统武术表演在民间一直作为一种民俗时尚，是中国民间传统文化的重要组成部分，使人民群众在观赏传统武术的过程中，满足其一定的精神需要。

第二节 拳术发展及指导

武术项目当中的拳术种类众多，而太极拳则是最有代表性的一种拳术。本节将重点阐述太极拳的基本理论和教学实践。

一、太极拳项目的起源与发展

太极拳是一种简单却又非常高深的武术拳法，有着练气、蓄劲、健身、养生、防身和修身的功用，是中国武术杰出代表之一，在中国传统武术文化中占据着非常重要的地位，在民间也是习练者众多。因此，我们说太极拳是中国传统文化的瑰宝，是民族传统体育的古老奇葩。

关于太极拳的起源说法不一。一般情况下，人们所认可的是明末清初陈家沟的陈王庭创编了太极拳。经过数百年的不断发展，逐渐衍变成了流传甚广的诸多流派，如陈氏、杨氏、武氏、吴氏和孙氏等太极拳派别。

中华人民共和国成立以后，党和国家对我国传统武术的发展非常重视，太极拳的发展也非常迅速，全国各地都有许多太极拳爱好者。国家卫生、教育和体育等多个部门也都把太极拳列为重要项目来推广和开展，为此出版了上百万册的太极拳书籍和挂图。很多科研部门对太极拳都进行过深入研究，医学、生理、生化、解剖、心理和力学等多个学科的实践都充分证明太极拳对防治人的高血压、心脏病、肺病、肝炎、关节病、胃肠病和神经衰弱等疾病有着良好的功效。

目前，太极拳已走出国门，在国外受到普遍欢迎。在欧美、东南亚和日本等国家都有太极拳练习者。据相关统计，仅在美国就已有 30 多种太极拳书籍出版，许多国家成立了太极拳协会等团体，积极与中国进行交流活动。太极拳作为中国特有的民族体育项目，已经引起很多国际友人的兴趣和爱好。

二、太极拳项目的技术实践

太极拳种类繁多，其中二十四式太极拳动作较简单，是一种适合大众习练的健身方法。

（一）手法

太极拳中主要有以下几种手法。

(1) 按。两臂先弯曲然后伸直，两手从后到前循序做推按动作。推按的轨迹呈弧形，先向下，然后转为前上方，不要直线推按。两掌要控制好推按的用力点，推按中手不能比肩高，掌心朝向前方，手腕下沉，手指舒展，指尖朝上。

(2) 捋。倾斜两手保持相对；转动腰部并顺势使两手从前向侧后方划弧捋带。两手移动的路线轨迹为弧形曲线，不要直线移动。

（3）掤。前臂从下向前上方掤架，在身体前方保持"横状"，前臂不能比肩部高，肘关节要比手稍低一点，手腕与手指不能过于僵硬，但也不要过分放松。

（4）挤。前手的前臂内侧在后手的推送作用力下移动，两臂从弯曲转为伸直，顺势向前方挤压。前手前臂是主要的用力点。挤出后两臂不能比肩高。

（5）抱掌。两掌保持上下相对，也可以保持左右交叉之势，然后在身体前或身体侧面合抱。两臂半弯曲成弧形。

（6）分掌。两手由合抱向前后或左右分开。

（7）挑掌。侧掌由下向前上方挑起，指尖向上，力点在掌的拇指一侧。

（8）推掌。臂先弯曲屈后伸直，向前方推掌，可以从肩上推，也可以从腰间或胸前推。掌心朝向前方，指尖保持向上。

（9）插掌。伸直并合拢除拇指之外的四指，分开拇指，臂先弯曲后伸直，伸出掌，伸出方向为指尖方向。向前伸就是前插掌；向下伸就是下插掌。四指指尖是主要用力点。

（10）打。拳在腰间旋转拳并冲打向前方，从拳心向上向拳眼向上转变。拳面是主要着力点。

（11）贯。以弧形轨迹从斜下方向前上方摆动拳并横击。半弯曲臂部呈弧形姿势并向内旋动，拳面是主要着力点，拳眼与斜下方相对。肩部不要耸起，不能将肘部提起，也不能弯曲手腕。

（二）手型

拳、掌、勾是太极拳的三种常见手型。

（1）拳。并拢除拇指外的四指，其四指集中于掌心，弯曲拇指压在卷曲的食指与中指的第二个指节上，成拳状，拳的表面要保持平直，握拳时要用适当的力，不可过分用力，但也不要松松垮垮地握拳。

（2）掌。稍微弯曲五指，分开五指，五指保持舒展状态，稍微向内收掌心，虎口要尽量保持接近圆形。需要注意的是，手指用力不可僵直，也不可松软弯曲。

(3) 勾。五指第一指节自然伸直捏拢成勾，屈腕使勾尖朝下。

（三）步法

武术练习中两脚的移动，就是所谓的步法。轻灵沉稳，虚实分明，是太极拳中对步法的要求。具体来说，就是应该做到两脚移动时轻起轻落，迈步如猫行，由点及面，重心稳定；不中猛收急落，脚步沉重。在步法转变中，有几个方面需要注意：首先，落脚的位置（距离、宽度、方向）要适当，脚尖或脚跟辗转的角度要适度；其次，支撑腿要保持平稳不可忽起忽落；再次，移动腿要屈伸灵活，不可僵硬。

太极拳中常用的步法主要有以下几种。

(1) 上步。后脚向前迈出一步，如野马分鬃的步法；或前脚向前移动半步，如白鹤亮翅接左搂膝拗步的步法。

(2) 退步。向后一步移动前脚，如倒卷肱的步法。

(3) 跟步。向前半步收拢后脚，如白鹤亮翅和手挥琵琶的步法。

(4) 侧行步。两脚横向依次向一侧移动，脚尖平行向前，如云手的步法。

（四）步型

太极拳中的基本步型主要有以下几种。

(1) 弓步。向前后两个方向分别把两腿分开。前腿的膝盖弯曲保持弓的姿势，膝盖弯曲后不能超过脚尖，与脚下上下垂直，大腿与地面保持斜对立，脚尖朝向前方；自然地蹬直后腿，脚尖向斜前方转动，大约转动幅度为 45°~60°。两脚掌全部着地。从横向来看，两脚之间要保持大约 10~30 厘米的距离。不要使两脚保持一条直线，也不要交叉两脚，以免造成身体紧张、歪扭，如搂膝拗步步型。

(2) 并步。两脚分开站立，分开后保持平行，两脚间的平行距离大约为 20 厘米，注意不要使两脚的脚尖出现八字形，整个脚掌着地，两腿支撑身体的重心。弯曲两腿成半蹲姿势，上体保持直立不动，如云手步型。

(3) 马步。向左右方向将两腿分开站立，两脚之间保持平行，两脚之间的距离大约与肩宽相同，弯曲两腿的膝盖保持半蹲姿势，两腿支撑身体重心。弯曲髋部，将臀部收回，上体保持直立，头顶与会阴成一垂线，如起势步型。

(4) 仆步。弯曲一腿的膝盖保持全蹲姿势，稍微把弯曲腿的脚尖向外展，整个脚掌着地，膝盖与脚尖保持相同的方向，不要把膝盖向内扣；另一腿在身体侧面保持伸直，向内扣脚尖，整个脚掌着地。两脚脚尖大致保持平行，也可以保持八字形。

(5) 虚步。弯曲后腿的膝盖成半蹲姿势，大腿稍微抬高，整个后脚着地，脚尖朝向斜前方向，臀部与脚跟保持上下垂直；稍微弯曲前腿，膝盖与前方正相对，前脚的整个脚掌着地，也可以使脚跟着地，脚尖向上翘起。

(6) 独立步。自然地把一腿伸直，支撑身体重心；弯曲另一腿的膝盖并且向前方提起，大腿稍微高于水平，小腿与脚尖朝下，保持上体直立，要保持好重心的稳固。

(五) 眼法

太极拳习练过程中，眼睛的状态与移动就是眼法。在进行太极拳练习时，定势时，视线对准前方，也可以对准前手；变化身体姿势时，注意眼睛与手法、身法、腿法的协调与配合，视线要随身体的变化灵活变化集中点，要始终注意全神贯注。

(六) 腿法

脚、腿的攻防运用方法，就是所谓的腿法，也被称为脚法。太极拳中的腿法主要是指蹬腿。其技术动作如下。

一腿独立支撑，膝微屈；另一腿屈膝提收后再蹬踹伸直，脚尖上翘，力点在脚跟，高度要超过水平。蹬伸腿一定要先屈后伸，不可直腿上摆。做蹬脚时，支撑要稳定，上体维持中正，不可前俯后仰，左右歪斜。

第三节　器械套路实践指导

器械套路是武术项目当中使用的器具或兵器的总称。器械种类繁多，包括短器械、长器械、双器械和软器械四种。短器械主要有刀、剑和匕首等，长器械主要有棍、枪和大刀等，双器械主要有双刀、双剑、双枪、双钩和双鞭等，软器械主要有三节棍、九节鞭、绳标和流星锤等。

一、棍术项目的技术实践

棍术属于长器械中的一种，具有勇猛泼辣，横打一片，密集如雨，气势磅礴的特色。

（一）劈棍

劈棍是一种远距离进攻性棍法，能充分利用步法等，可以击打对方头、肩等部位，也可劈击对方手中器械，是一种常见的进攻性棍法。

两脚前后开立，右手握棍直臂上举，左手握棍把在右腹前，将棍竖于右前侧；目视前方。左手将棍把屈肘拉至左腰侧，右手握棍向前下劈出，棍梢高与腰平，力达棍前端，同时身体稍左转；目视棍梢。

在练习劈棍时，要想取得较为理想的练习效果，就需要注意：棍杆要贴腰，下劈要迅速有力，右手可伴同下劈微向后滑把，两臂稍微屈。

（二）戳棍

戳棍是一种远近距离都可以进攻的棍法，远距离采用滑把方法，若结合步法等，可以击打对方胸、腰等部位，是一种梢、把兼用的常见进攻性棍法。

两脚前后开立，两手握棍横于腹前，棍梢朝前，目视前方。左手滑握棍身，臂内旋向左伸出，手心朝下，同时右手握棍向前戳出，力达棍梢端。

在练习戳棍时，需要注意的是用力要短促准确，直进直出，滑把灵活。这样往往能够达到较好的练习效果。

（三）抡棍

抡棍是一种远距离进攻性棍法，结合步法可横击对方肋、腰等部位，是一种常见的进攻性棍法。

呈右弓步，两手紧靠，顺把握于棍身后段，将棍扛于右肩上；目视左后方。两手用力使棍由右经体前向左平抡，扛棍于左肩上，呈左弓步；目视右后方。

在练习抡棍时，需要注意：留把长度要适宜，抡棍要平，力达棍身前段，配合腰腿力量，使棍虎虎生风。另外，在练习平抡时，要注意两手旋腕。

（四）崩棍

崩棍属于有攻有防的棍法，攻时由下向上崩击对方手腕，防时可以崩击在棍身上方的器械。

两脚前后开立，两手持棍平举于体前；目视棍梢。右手屈肘将棍把拉至右腰侧，左手滑握中段，臂伸直，使棍梢向上崩击，高与头平；目视棍梢。

在练习崩棍时，为了取得较好的练习效果，需要注意两个方面：一方面，右手拉棍要迅速，并沉腕下压；另一方面，左手滑握棍身中段时，要突然紧握，两手短促有力，使棍梢上崩，力达前端。

（五）左右舞花棍

舞花棍属于防御性棍法，主要用于遭多方位攻击或对方抛出器械打来时防御，是常见的一种防守棍法。

两脚前后开立，上体稍右转，右臂屈肘平举，手心朝下握棍，左臂胸前屈肘，在右腋前反手握棍，手心向上，两手虎口相对。棍身在右腋下贴于右背侧，棍把朝右前；目视棍把。右手握棍，使棍把向下，经腿前向左弧形绕行，左手松握棍身，两臂于胸前交叉，上体稍左转；目视棍把段。上动不停，右臂外旋，左臂内旋，两臂体前屈肘摆动至胸前交叉，使棍梢继续由右向下，经腿前向左、向上、向右弧形绕行，上体稍向右转。当棍梢向下时，左手迅速改为正握棍身，即虎口朝棍梢；目视棍梢。紧接着，身体右转，左臂内旋，右臂外旋稍向前伸，两手交叉握棍同时转动，使棍梢继续向下，随身体转动，经右腿外侧向后弧形绕行；目随棍移动。随即左臂外旋稍向前摆，右臂内旋屈肘稍向后拉，使棍梢继续向上、向前弧形绕行；目视棍梢。上动不停，右臂内旋，屈肘时稍向上，向前摆动，左手屈肘摆至右腋前，两手同时摆动，使棍梢继续向下，经右腿外侧向后弧形绕行。上体稍向左转，当棍梢向下时，左手迅速改为反握棍身，还原为预备姿势；目视棍把。

在练习左右舞花棍时，需要注意以下几个方面：一方面，左右舞花动作必须连贯；一方面，两手松握棍身，以便两臂交叉，左手换握要适时迅速；另一方面，右臂内旋体左转，左臂内旋体右转，棍要贴身立圆舞动，速度快而均匀。只有把握好以上这几点，才会取得较为理想的练习效果。

(六) 左右提撩棍

提撩棍属于远距离的进攻性棍法，主要用于对付两人以上对手的情况下，边守边攻，乱中取胜，是一种常见的棍法。

两脚前后开立，两臂于腹右侧屈肘交叉，左手在上，右手在下，顺把握棍，棍身斜置于右侧，棍梢斜向下，上体右转；目视棍梢。两手握棍，使棍梢由后贴近右腿外侧向前上方弧形绕行，上体随之稍向左转。左手心朝左，肘微屈，右手在左臂外，手心朝右上，屈肘于胸前，棍梢高于头；目视棍梢。上体不停，两手握棍，使棍梢由上向体左后侧下劈，肘微屈；目视棍梢。随即两手握棍，使棍梢由后贴近左腿外侧，向前上方弧形绕行，上体随之右转，左手滑至右手处，两肘微屈，棍梢高于头；目视棍梢。

在练习提撩棍时，为了取得较理想的练习效果，需要注意：撩棍要贴近腿外侧，不得触及身体，右撩上体左转，左撩上体右转，身械协调一致，速度要快，力达棍前段。另外，还要注意不要造成运动损伤。

二、剑术项目的技术实践

剑术属于短器械中的一种。剑术以轻快敏捷，潇洒飘逸，灵活多变，刚柔相济见长。

(一) 基本持剑法

在练习武术时，练习者首先要了解剑的握持方法，这里主要介绍持剑、握剑和剑指。

1. 持剑

练习者在持剑时，应使臂内旋成手心向后贴紧剑格，食指伸直扶于剑柄，拇指和其余手指分别扣握剑柄格两侧，剑脊贴近前臂后侧。

2. 握剑

练习者的握剑姿势应根据剑法合理选择。以握平剑为例，握剑时握剑手的虎口应靠近剑格，拇指与其余手指相对握拢剑柄。剑刃朝向上下为立剑握，剑刃朝向左右为平剑握。

3. 剑指

剑指是舞剑或练剑时不握剑手的基本手型，即中指与食指伸直并拢，其余三指屈于手心，拇指压在无名指第一指节上。

（二）剑术基本动作

1. 刺剑

两脚呈开步站立姿势；右手握剑提于右腿外侧，剑身横平，左剑指按于左腿外侧；目视前方；右手握剑屈肘上提，经腰侧向前直刺，剑与臂成一直线、与肩同高，手虎口向上，力达剑尖，左剑指屈肘上提，附于右腕处；目视前方。

2. 劈剑

两脚开步站立；右手握剑直臂上举，小指侧剑刃向前剑尖向上，左剑指按于胯旁；目视前方。然后右手由上向下提剑后直劈至体前，力达剑刃，与肩同高，左剑指屈肘上提，立于右肩前；目视前方。

3. 抹剑

采用左脚在前的错步站立姿势；右手握剑直臂前平举，虎口向上，左剑指立于右臂内侧；目视前方；随后上体右转，同时两脚碾转成开立步；右臂内旋，手心向下，剑由前向右弧形抽回，力达小指侧剑刃，左剑指稍前伸附右腕处；目视前方。

4. 撩剑

采用右脚在前的错步姿势站立；右手握剑直臂前平举，虎口向上，左剑指立于右肩前；目视前方。然后，右手握剑臂内旋，直臂向上、向后立绕至体后，随之臂外旋向下，沿身体右侧贴身弧形向前撩至体前上方，虎口斜向下，力达剑刃前部，左剑指向下、向前再向上直劈绕至体左侧，要求剑身与腰同高；目视剑尖。

5. 挂剑

右脚在前，错步侧身站立，右手握剑直臂侧平举，虎口向上，左剑指直臂侧平举，虎口向上；目视右前方。然后右臂内旋，剑尖向下、向左贴身挂起，力达虎口侧剑刃前部，左剑指下落附于右手腕处。随后右臂外旋，剑尖向上，向前划弧成平举姿势。再用右手发力使剑尖沿身体右侧向下、向后挂起，力达虎口侧剑刃前部，左剑指直臂前伸，虎口向上，与头同高；目视剑指。

6. 崩剑

两脚开步站立；右手握剑直臂侧平举，虎口向上，左臂侧平举，左剑指虎口向上；目视右前方。随后，右手剑沉腕，直臂下落，使剑尖猛向上崩起，力达剑尖，左臂屈肘回收，左剑指附于右臂内侧。

7. 点剑

以右脚在前的错步姿势站立；右手握剑直臂前平举；虎口向上，左剑指立于右腕处；目视前方。然后，右手提腕，使剑尖猛向下点，力达剑尖；目视剑尖。

8. 提剑

采用左脚在前的错步站立姿势；右手握剑直臂前平举，虎口向上，左剑指立于右臂内侧；目视前方。然后身体右转；同时两脚碾转成开立步；右手握剑随转体直臂下落，并随之臂内旋，虎口向下，屈肘贴身弧形向右肩前提起，剑尖斜向下，左剑指向左斜下伸出，虎口向上，剑指与腰同高；目视剑指。

9. 扫剑

右腿支撑下蹲，左脚尖点于右脚内侧成丁步；右手指剑直臂下截，手心向下，左剑指左斜上举，臂伸直；目视剑尖。随后，身体左转；同时左脚向左开步，成右跪步；右手握剑臂外旋，手心向上，随转体剑身向前平扫，力达小指侧剑刃，高不过膝，左剑指下落依附于右腕处；目视剑尖。

10. 带剑

采用左脚在前的错步姿势站立；右手捏剑直臂前平举，虎口向上，左剑指立于右腕处；目视前方。然后右手握剑使臂内旋，使小指侧剑刃翻转向上；与此同时，由前向右侧后方屈肘抽回；目视前方。随后，右手发力使剑尖向上、向左弧形下落，左剑指屈肘回收，附于右腕处。接着右手握剑，使臂内旋，剑尖向下沿身体左侧贴身弧形向前撩至体前上方，虎口斜向下，力达剑刃前部；目视剑尖，左剑指随之立于右手腕内侧。

11．云剑

两脚呈开步站立；右手握剑直臂侧平举，虎口向上，上体稍右转，左剑指直臂侧平举，虎口向上；目视右前方。随后右臂内旋上举，然后臂外旋，同时右手腕外旋转动，仰头，使剑在脸上方平圆绕环一周，左剑指向上摆起后附于右腕内侧；目视剑身。

12．绞剑

采用右脚在前的错步站立姿势；用右手握剑前举，要求与胸同高，手心向上，以腕为轴，剑尖向右、向上立圆绕环一周，使力达剑身前部；左剑指架于头部左上方；目视前方。

13．架剑

采用左脚在前的错步站立姿势；用右手握剑直臂前平举，虎口向上，左剑指立于右腕处；目视前方。随后，上体右转；同时两脚碾转成开立步；右臂内旋，使剑向头上方架起，要求剑身横平，手心向前；目视左斜前方。

三、刀术项目的技术实践

器械套路有很多种，而刀术则属于短器械中的一种。它具有勇猛快速，气势逼人，刚劲有力，雄健彪悍的特点。

(一) 刀的构造

刀的各部位分别称为：柄首刀把、护手、刀刃、刀身、刀背和刀尖。

(二) 刀的握法

以虎口绕刀把，靠近护手盘，除拇指外其余四指自然弯曲，拇指第一节直接压在食指第二指节外侧。

（三）动作名称

预备势。

第一段：起势、弓步藏刀、虚步藏刀、弓步扎刀、弓步抢劈、提膝格刀、弓步推刀、马步劈刀、仆步按刀。

第二段：蹬腿藏刀、弓步平斩、弓步带刀、歇步下砍、弓步扎刀、插步反撩、弓步藏刀、虚步抱刀、收势。

（四）组合动作学练

预备势。

两脚并立，左手虎口朝下，拇指在前，其余四指在后握住刀柄，手腕部贴靠刀盘，刀刃朝前，刀尖朝上，刀背贴靠前臂内侧；右手五指并拢，垂于身体右侧；目视前方。

第一段

1. 起势

左手握刀与右手同时从两侧向额上方绕环，至额前上方时，右手拇指张开贴近刀盘，接握左手刀。

教学要点：两臂从体侧向额前上方绕环的动作必须协调一致。

2. 弓步藏刀

(1) 右腿屈膝略蹲，左脚向左上步。右手持刀使刀背贴身从左绕向身后，左臂内旋（拇指一侧朝下）向左伸出。目向左平视。

(2) 上身左转，左腿屈膝，右腿伸直，成左弓步。右手持刀，手心朝上，上身左转的同时，从身后向右、向前、向左平扫至左肋时臂内旋，手心朝下，刀背贴靠于左肋，刀身平放，刀尖朝后；左臂随之屈肘上举至头顶上方成横掌。目视前方。

教学要点：缠头时，刀背必须贴着脊背绕行；扫刀时，刀身平行，迅速有力。

3．虚步藏刀

(1) 上身右转，左腿伸直，右腿屈膝，成右弓步。右手持刀，手心朝下，随上身右转向右平扫，刀背朝前；左掌随之向左侧平落，手心向下。目视刀身。

(2) 顺扫刀之势右臂外旋，手心朝上，使刀背向身后平摆。

(3) 以右脚前脚掌为轴碾地，脚跟外展，上身随之左转，左脚后收半步成虚步。刀尖朝下，从背后向左肩外侧绕行；同时左手经体前向下、向右腋处弧形绕环。目向左前方平视。

(4) 右手持刀从左肩外侧向下、向后拉回，肘略屈，刀刃朝下，刀尖朝前；左手随即向前成侧立掌平直推出，掌指朝上。目视左掌。

教学要点：以上四个分解动作，必须连贯起来做；扫刀要平，绕刀要使刀背贴靠脊背。

4．弓步扎刀

左脚稍前移，踏实，右脚随即向前上步，成右弓步。左掌在上步的同时，向后直臂弧形绕环至身后平举成勾手，勾尖朝下；右手持刀随之向前扎刀，刀刃朝下，刀尖朝前。目视刀尖。

教学要点：刀尖和右手、右肩要平行，上身略前探，力达刀尖。

5．弓步抡劈

(1) 左脚向左斜前方上步，成左弓步。右手持刀臂内旋、屈腕，使刀尖由左斜前方向上挂起，刀刃朝上；左勾手变掌附于右肘处。目视刀身。

(2) 右手持刀从上向右斜前方劈下，刀尖稍向上翘；左臂同时屈肘上举，至头顶上方成横掌。目视刀尖。

教学要点：抡劈动作必须连贯、有力，与步法配合一致。

6．提膝格刀

左脚尖外展，右腿提膝。刀由前下向左上横格，刀垂直立于胸前，刀尖朝上，刀刃向左；左手横附于刀背上。目视刀身。

教学要点：提膝与格刀必须同时完成。

7．弓步推刀

(1) 右脚向前落步。右手持刀向后、向下贴身弧形绕环；左掌此时从上向下按于刀背上面。目视刀尖。

(2) 上体微右转，左脚从体前上步，成左弓步。右手持刀随之向前撩推，刀刃斜朝上，刀尖斜朝下；左掌仍按刀背，掌指朝上。上身前探，目视刀尖。

教学要点：撩推刀必须与步法协调一致。

8．马步劈刀

上体右转，两腿屈膝半蹲成马步。右手持刀从左向上、向右劈下，刀尖稍向上翘与眉相齐；左掌在头顶上方屈肘成横掌。目视刀尖。

教学要点：转身、劈刀要快，力达刀刃；马步两脚尖要向里扣，大腿坐平。

9．仆步按刀

右脚向右后方撤一大步，右腿屈膝全蹲，左腿伸直平铺，成左仆步，上身右转的同时，右手持刀做外腕花（以腕为轴，刀在右臂外侧向前下贴身立圆绕环）；左掌同时向下按切，附于右手腕，刀尖朝左，刀刃朝下。目向左平视。

教学要点：撤步与外腕花快速有力，并与仆步按刀协调连贯；做仆步时，上身略向左前方探倾。

第二段

10．蹬腿藏刀

(1) 右腿蹬直立起，左腿提膝成独立；右手持刀向右后拉回，左掌向左前方伸出，掌指朝上。目视左手。

(2) 上身左转，右手持刀从后向前由左膝下方朝左裹膝抄起，左掌屈肘附于右前臂。目视前下方。

(3) 右手持刀从左肩外侧向后沿肩背绕行，左腿即向左斜前方落步成左弓步，左掌向左平摆。

(4) 右手持刀经肩外侧向前、向左平扫，至左肋时顺扫刀之势臂内旋，将刀背贴靠左肋；左掌随之屈肘上举至头顶上方成横掌。

(5) 右脚脚尖上翘，用脚跟向前上方蹬腿。目视脚尖。

教学要点：缠头时必须使刀背绕裹左膝后顺脊背绕行，动作要迅速，蹬腿要快，并与缠头刀协调连贯。

11. 弓步平斩

(1) 右脚向前落步。

(2) 左脚向前上步，右脚趁势提起，上身在上步的同时向右后转。右手持刀手心朝下，随着转身平扫一周；左掌从上向左后方平摆，掌心朝上。

(3) 右手持刀臂外旋，刀尖朝下，使刀从右肩外侧向后绕行，做裹脑动作；右腿后撤一步，成左弓步。右手持刀使刀背贴靠于左肋，刀尖朝后；同时左掌屈肘上举至头顶上方成横掌。目视前方。

(4) 上身右转，成右弓步。右手持刀，手心朝下，向右平扫，扫腰斩击，刀尖朝前；左掌同时从上向后平摆，掌指朝后。目视刀尖。

教学要点：裹脑时必须使刀背贴靠脊背绕行；斩击时刀要与肩平，力达刀刃。

12. 弓步带刀

(1) 右手持刀臂外旋，使刀刃朝上，刀尖稍向下斜垂。

(2) 重心左移，左腿全蹲，右腿挺膝伸直平铺成仆步。右手持刀向左上方屈肘带回；左臂屈肘，左掌附于刀把内侧，拇指一侧朝下。目向右侧平视。

教学要点：翻刀、后带动作要连贯。仆步时，上体稍向左倾斜。

13. 歇步下砍

(1) 上身稍抬起。右手持刀，刀尖朝下，从右肩外侧向背后绕行；左掌同时向左侧平伸，拇指一侧朝下。

(2) 左脚从身后向右侧插步。同时右手持刀从背后向左肩外侧绕行，手心朝下，刀身平放，刀尖朝后；同时左掌向右腋处弧形绕环。目向右视。

(3) 两腿屈膝全蹲成歇步。右手持刀在歇步下坐之同时向右下方斜砍，刀刃斜朝下，刀尖朝前；左掌随之向左摆出，在左侧上方成横掌。目视刀身。

教学要点：上述分解动作，要连贯一气呵成；下砍时力点在刀身后段。

14．弓步扎刀

上体左转，双脚碾地，左脚向前上半步，成左弓步。同时右手持刀，随势向前平伸直扎，刀刃朝下，刀尖朝前；左掌顺势附于右腕里侧。目视刀尖。

教学要点：转身、碾地、上步与扎刀协调连贯，力达刀尖。

15．插步反撩

(1) 上体稍直起并右转，右脚不动，左脚向右前方活步。同时右臂内旋，刀背朝下，使刀由前向上、向后直臂弧形绕行，刀刃朝下；左掌在屈肘时收于右肩前侧。

(2) 右脚向左脚前方上步，成右弓步。同时右手持刀向下、向前直臂弧形撩起，刀刃朝上，刀尖朝前；左掌由右肩前向上直臂弧形绕行至头部上方时，屈肘横架，掌心朝上，掌指朝前。目视刀尖。

(3) 右脚内扣，上体左转，刀随转体收于腹前，刀尖上翘，左掌下落附于右腕处。目视刀尖。

(4) 左脚向右脚后横迈一步成左插步。同时右手持刀向后反臂弧形撩刀，刀刃朝上；左掌向左上方插出，掌心朝前。目视刀尖。

教学要点：上步要连贯，撩刀要走立圆，刀尖不可触地，力达刀刃前部。

16．弓步藏刀

(1) 左脚向左前方上一步。同时右手持刀臂内旋，刀尖朝下，使刀由左肩外侧向后绕行，做缠头动作。

(2) 身体重心左移，成左弓步。右手持刀由背后经右向左平扫，至左肋时顺扫刀之势臂内旋，使刀背贴靠于左肋，刀尖朝后；同时左掌屈肘上举至头顶上方成横掌。目视前方。

教学要点：缠头时必须使刀背贴靠脊背绕行，扫刀要迅速，力达刀刃。

17. **虚步抱刀**

(1) 上身右转，左腿伸直，右腿屈膝。同时右手持刀向右平扫，左掌随之向左平摆，掌心朝上。目视刀尖。

(2) 上身稍直起，同时右手持刀顺平扫之势，臂外旋，手心朝上，使刀向身后平摆，继而屈肘上举使刀尖下垂，刀背贴身；左掌协调配合。目向右平视。

(3) 上体右转，成右弓步。右手持刀由背后经左肩外侧向身体前方平伸拉带，刀刃朝上，刀背贴于左臂，刀尖朝后；左掌由左向下、向前直臂弧形摆起，至脸前时，拇指张开，用掌心托住刀盘，准备将右手之刀接回。目视两手。

(4) 右脚跟外转，上体左转，左脚由左移至身前，成左虚步；同时左手接刀，经身前向下、向身体左侧抱刀下沉，刀刃朝前，刀背贴靠左臂，刀尖朝上；右手由身前向下、向后、向上直臂弧形绕至头上方时屈腕成横掌，掌心朝前，肘稍屈。目向左平视。

教学要点：裹脑刀要使刀背沿右肩贴背绕行，虚步要虚实分明。

18. **收势**

右脚向前、向左脚靠拢，并步直立。右掌随即由右耳侧向下按落，掌心朝下，肘略屈并向外撑开，左手握刀不动。目视前方。

教学要点：上步和按掌动作要连贯迅速。

第五章 民俗性传统体育项目的发展

在我国民族传统体育项目中，舞戏、龙舟、搏击项目等都有着非常悠久的历史，在我国民间有着非常重要的地位，深受人们的欢迎和喜爱。本章主要针对这三种民族传统体育项目展开论述。

第一节 舞戏的发展与实践指导

在我国民族传统体育项目中，舞戏项目主要指的是舞狮和舞龙，本节对舞戏项目的探讨就主要从这两个方面进行。

一、舞狮运动技术实践

舞狮运动是指由狮头、狮尾组成的单狮，运用各种步形步法，模仿狮子的摔、跌、扒、跃等动态，通过腾、挪、闪、扑、回旋、飞跃等高难动作演绎狮子喜、怒、哀、乐、动、静、惊、疑八态，表现狮子的威猛与刚劲以及惟妙惟肖的憨态可掬神态的一种民族传统运动。在舞狮运动过程中，其舒缓婉转之处，令人忍俊不禁，拍手称绝；其飞腾跳跃之时，让人胆战心惊，昂扬振奋。

（一）舞狮的分类

根据地域区分，舞狮运动可以分为南方舞狮和北方舞狮两种。

1. 南狮

南派狮舞主要是表演"文狮"，在表演的过程中对表情极为注重，有搔痒、抖毛、舔毛等动作，惟妙惟肖，逗人喜爱，也有难度较大的吐球等技巧。广东是南狮的中心，南狮在港粤、东南亚侨乡中非常盛行。南狮虽然也是双人舞，但舞狮人下穿灯笼裤，上面仅仅披着一块彩色的狮被而舞。相较于北狮，南狮"狮子郎"头戴大头佛面具，身穿长袍，腰束彩带，手握葵扇而逗引狮子，以此舞出各种优美的招式，动作滑稽风趣。南狮有很多种流派，有清远、英德的"鸡公狮"，广州、佛山的"大头狮"，高鹤、中山的"鸭嘴狮"，东莞的"麒麟狮"等。南狮除外形不同外，其性格也有不同。白须狮舞法幅度不宽、花色品种不多，但沉着刚健，威严有力，民间称为"刘备狮"。黑须红面狮，人称"关公狮"，舞姿勇猛而雄伟，气概非凡。灰白胡须狮，动作粗犷好战，俗称"张飞狮"。狮子是丛林之王，百兽之尊，形象雄伟俊武，给人以威严、勇猛之感。古人将它当作勇敢和力量的象征，认为它能驱邪镇妖、保佑人畜平安。因而，人们逐渐形成了在元宵节时及其他重大活动里舞狮子的习俗，以祈望生活吉祥如意，事事平安。

2. 北狮

北狮主要是表演"武狮"，也就是魏武帝钦定的北魏"瑞狮"。小狮一人舞，大狮由双人舞，一人站立舞狮头，一人弯腰舞狮身和狮尾。舞狮人全身披包狮被，下穿和狮身相同毛色的绿狮裤和金爪蹄靴，人们无法辨认舞狮人的形体，它的外形和真狮极为相似。而引狮人打扮为古代武士，手握旋转绣球，配以京锣、鼓钹、逗引瑞狮。狮子在"狮子郎"的引导下，表演腾翻、扑跌、跳跃、登高、朝拜等技巧，并有走梅花桩、窜桌子、踩滚球等高难度动作。

(二) 舞狮的基本动作实践

1. 狮头的握法

(1) 单阴手。单手握狮头，手背朝上，大拇指托狮舌，其余四指握在狮舌上方。

(2) 单阳手。动作与单阴手相反，掌心朝上。

(3) 双阴手。动作与单阴手相同，两手握于狮舌两侧头角处。

(4) 双阳手。握法与双阴手相反，握的部位相同。另外，根据要表演狮子神态的需要还有开口式、闭口式等握法。

2．狮尾的握法

(1) 单手握法。舞狮尾者一手用大拇指插入舞狮头者的腰带，与四指轻抓腰带，另一手可做摆尾等动作。

(2) 双手握法。双手大拇指插入舞狮头者的腰带，做各种动作时应紧握。

3．舞狮的基本步法

(1) 上步和退步。两脚平行站立，左（或右）脚向前进步，另一脚跟上，即为上步，反之为退步。

(2) 侧步。包括左侧步和右侧步。两脚平行站立，左（或右）脚向左（或右）侧进一大步，另一脚跟上，即为左侧步，反之为右侧步。

(3) 弓步。右腿大小腿弯曲，大腿成水平，上体正对前方，成前弓后绷型。

(4) 扑步（铲步）。左腿大小腿弯曲全蹲，重心在左腿。右腿向右侧前伸，大小腿成一直线，脚掌内扣。左右动作相同，但方向相反。

(5) 跪步。从基本站立姿势开始，左腿大、小腿弯曲约 90°。右大小腿弯曲小于 90°，右膝关节和右脚趾着地，上体稍前倾，将重心放在右脚。右与左动作相同，方向相反。

(6) 虚步。左腿弯曲，将重心放在左腿，右脚大、小腿微曲，脚尖前点。左与右动作相同，方向相反。

(7) 吊步。在虚步的基础上，提起右腿，支撑腿微曲，右大腿在体前成水平，膝关节放松，小腿自然下垂，脚尖绷直。左与右动作相同，方向相反。

(8) 插步。从基本站立姿势开始，将重心移至左脚，右脚提起，从左脚的左后方下插，左右腿成交叉。右插步与左插步动作相同，方向相反。

(9) 跃步。从基本站立姿势开始，下蹲用力蹬地，向左（或右）上方跃起，下地后还原。

(10) 探步。从右虚步开始，右腿提起，右大腿成水平，以左膝关节为轴，小腿前伸，脚尖前点。左与右动作相同，方向相反。

(11) 交叉步。分为左、右交叉步。移动方向的异侧脚向运动方向一侧跨出一大步（经两腿交叉），另一脚随即向运动方向一侧跨出一步成平行站立。

(12) 开合步。从基本站立姿势开始，两脚蹬地，两腿向左右分开宽于肩；两脚蹬地，两腿并拢，完成动作的过程时，上体保持基本姿势。

(13) 行礼步。从基本站立姿势开始，以左为例。两脚用力蹬地，向上跃起，在中线落地，将重心放在右脚，成左虚步。右虚步与左虚步相同，方向相反。

(14) 麒麟步。从基本站立姿势开始，将重心移至左脚，右脚经左腿前向左移步，左右腿交叉，两腿弯曲，将重心在两腿中间。右与左动作相同，但方向相反。

(15) 小跑步。从基本站立姿势开始，脚跟提起，前脚掌着地，左右脚交替小跑前移。

(16) 小跳步。跳步的要求比较严格，可随着舞狮的方向任意跳跃，可单脚跳，也可双脚跳。除上述方法外，还有单跳步、跨跳步、击步、碎步、并脚直立跳、双飞脚、打转身等。

两腿用力蹬地，向前方跳起，腾空的同时，稍向左转，两脚落地成侧向马步。左与右动作相同。

(17) 大四平步。两脚左右开立宽于肩，两腿弯曲，两大腿呈水平，上体正直，收腹挺胸。

(18) 金鸡独立步。将右腿提起，大腿成水平，大、小腿弯曲小于90°，脚尖绷直，将上体稍前倾。左与右动作相同，方向相反。

4. 舞狮的基本动作

(1) 摇头摆尾。2人在原地，舞狮头者不断地将狮头东摆西摇，舞狮尾者随着狮头的摆动协调地进行摆尾。

(2) 叩首。2人一组，舞狮头者将狮头持于头上，用小碎步快速向前跑动，在跑动过程中将狮头举起，并不停地左右摇头和眨眼，舞狮尾者低头塌腰，双手搂住前者腰部，用小碎步或左右摆尾跟着前者行进运动，然后，用同样的碎步动作退回，两者配合做狮子叩拜动作。动作方向为先左后右，最后向中间叩拜，叩拜时下肢伴随做小跳步动作。

(3) 翻滚。2 人一组，后面队员抓住前面队员腰的两侧，将身体重心下降，屈腿半蹲，一脚蹬地，向一侧滚动，滚身时前者须将狮头举高。

(4) 叠罗汉。舞狮尾者站马步，舞狮头者两脚站于狮尾者的膝盖上，舞狮尾者扶住舞狮头者的腰，使其平衡、稳定，舞狮头者持狮头做各种动作。

(5) 引狮员基本动作。引狮员的动作有静态和动态之分，静态动作是指引狮员静态亮相的动作，如弓步抱球、高虚步举球、弓步戏球等。动态动作是指引狮员在运动过程中完成的动作，如行步、跳跃、翻腾等。

二、舞龙运动技术实践

舞龙运动承载着中华民族传统龙文化的内涵，集民俗、风情与健身、娱乐为一体，具有传统的民族风格，其是传统体育项目的一大特色。

(一) 舞龙的基本动作实践

1. 基本握法

(1) 正常位。双手持把，左（或右）臂肘微弯曲。手握于把位末端与胸同高，右（或左）臂伸直，手握于把的上端。

动作要点：挺胸，塌腰，手握把要平稳，把位积胸距离为一拳。

(2) 滑把。一手握把端不动，另一手握把上下滑动。

动作要点：滑动要连贯均匀。

(3) 换把。结合滑把动作，在滑动手接近固定手位，双手转换，滑动手握把成固定手位，固定手位变成滑动手位。

动作要点：换把手位时，要保持平稳，并随龙体轨迹运行。

2．基本步型

(1) 正步：两脚靠拢，脚尖对前方，将重心在双脚上。

(2) 虚步：站虚丁字步，左（或右）腿半蹲。

(3) 丁字步：右（左）脚跟靠拢左（右）脚足弓处，脚尖方向同小八字步。

(4) 虚丁步：（前点步）站丁字步，右（或左）脚顺脚尖方向伸出，绷脚点地，大腿外旋。

(5) 弓箭步：右脚（或左脚）向前迈出，屈膝，将小腿垂直，脚尖朝前，左腿（或右腿）挺直，脚尖稍内扣。将重心放在两腿中间，上身与右（或左）脚尖同一方向。

(6) 横弓步：当弓步的上身左（或右）转与左（或右）脚尖同一方向。

(7) 小八字步：将两脚跟靠拢，脚尖分开，对左、右前角。

(8) 大八字步：两脚跟问相距一脚半，其他同小八字步。

动作要点：舞龙基本步型的练习要求步型要稳，弓步和虚步要到位。

3．基本步法

(1) 矮步。将两腿半屈，勾脚尖迅速连续的以脚跟到脚尖滚动向前行进。每步大小约为本人的一个脚长。

动作要点：挺胸、塌腰、身型正直。身体重心要平稳，不要有上下起伏现象。在落步时，由脚跟迅速过渡到全脚掌，并注意步幅。

(2) 蹍步。①单碾步。预备势脚站小八字步，手握把位成上举姿势，右脚以脚掌为轴，脚跟微提起，左脚以脚跟为轴，脚掌微提起，两脚同时向右旁碾动，由正小八字步碾成反小八字步，然后右脚以脚跟为轴，左脚以脚掌为轴，同时向右旁碾动，成正小八字步，反复按此进行练习。

动作要点：将重心在双脚上，必须同时碾动，膝放松，动作连贯，碾动时保持身体平稳。

② 双碾步。预备势站正步，以双脚跟为轴，双脚尖同时向右（或左）碾动，然后再以双脚尖为轴，双脚跟同时向右（或左）碾动，反复按此进行练习。

动作要点：与单碾步相同。

(3) 圆场步。沿圆线行进，将左脚上一步，脚跟靠在右脚尖前，脚跟先着地，再移至前脚掌，同时右脚跟提起。右脚做法同左脚，两脚动作保持在一条线上。

动作要点：上腿部分相互靠拢，将膝微屈放松，快与慢走时都要求身体平稳。

(4) 弧彤步。将两腿微屈，两脚迅速连续向前行进。每步大小略比肩宽，走弧形路线。眼注视龙体。

动作要点：挺胸、塌腰，身体重心要平稳，并随龙体上下运行起伏行进。在落步时，由脚跟迅速过渡到全脚掌，并注意方向转换、转腰。

4．跳跃翻腾

(1) 旋子。两脚并步站立，将身体右转，左脚向左迈步；两手向右平摆。接着，上体前俯并向左后上方拧转，左腿屈膝，两臂随身体平摆；同时，右腿向后上方摆起，左腿蹬地伸直相继向后上方摆起，使身体在空中平旋一周。随后，右、左脚依次落地。

动作要点：蹬地、转头、甩腰、摆臂以及摆腿协调配合，身体在空中俯身水平旋转。

(2) 踺子。经助跑、趋步后，将上体侧转前压，两手体前依次撑地，随即两腿依次向后上蹬、摆。经倒立部位后，推地，并腿后踹。当前脚掌蹬地后，急速带臂，梗头向外转体 90°跳起。

动作要点：在两脚摆过倒立部位后，用力推地。两腿快速向后下压，身体与地面成 45°~55°夹角；在跳起时急速立腰，并梗头，含胸，提气，两臂配合向前上方带。

(3) 旋风脚。将左脚向左上步，同时左手向前、向上摆起，右臂持龙珠伸直向后、向侧摆动。右腿随即上步，脚尖内扣，准备蹬地踏跳。左臂向下摆动并屈肘收至右胸前，同时左臂向上、向前抢摆，上体向左转前俯。将中心右移，右腿屈膝蹬地跳起，左腿提起向左上方摆体旋转一周，右腿做里合腿，左手在面前迎击右掌，左腿自然下垂。

动作要点：右腿做里合腿时，要贴近身体。摆动时，膝挺直，由外向里成扇形；击响点要靠近面前。左腿外摆要舒展，并在击响的一刹那离地腾空。在初学时，左腿可自然下垂。当能够较熟练的完成腾空动作时，将左腿逐渐高摆，屈膝或直腿收控于身体左侧；抢臂、踏跳、转体、里合右腿等环节要协调一致，身体的旋转不少于 270°。

(4) 抢背。将右脚在前，左脚在后，两脚交错站位。左脚从后向上摆起。右脚蹬地跳起，团身向前滚翻，两腿屈膝。

动作要点：肩、背、腰、臀要依次着地，滚翻要圆、快，立起要迅速。

(5) 后空翻。站立开始，两臂预先后摆，然后经下向前上方领，配合两腿屈膝后蹬地跳起。腾空后提膝团身，抱腿向后翻转，至 3/4 周时，两臂上举，展体落地成站立。

动作要点：两臂积极向上带起，提肩、梗头、含胸、立腰；在跳起接近最高点时两臂立即制动，迅速提膝，勒紧小腿，团身翻臀；至胸朝下时，迅速撤腿伸展抬上体。

(6) 侧空翻。左脚向前上步蹬地伸展髋、膝、踝关节，右腿向后上摆起。同时上体向左侧倾，利用摆腿惯力使身体在空中向左侧翻转，然后右脚、左脚相继落地。

动作要点：两腿伸直，翻转要快，落地要轻。

(7) 后手翻。"绷跳小翻"由两臂前举站立开始，体稍前屈，直膝，臀部后移，当失去重心时两脚蹬地，倒肩，两臂后甩，抬头挺胸，体后屈翻转。撑地经手倒立后，顶肩，推手，屈髋，插腿，立腰起立，用于连续接做后手翻。"绷跳小翻"，开始时两腿弯曲，在向后甩臂的同时，两脚蹬跳。在经过手倒立后，迅速顶肩，推手，提腰，屈髋，两腿迅速下压。在落地后，领臂跳起，用于连接空翻。

动作要点：甩臂，上体后倒，用力蹬地，挑腰，顶髋，后屈翻转；手前伸撑地，经倒立顶肩，推手，提腰，屈髋，至站立抬上体。

(8) 鲤鱼打挺。将身体仰卧，两腿伸直向上举起，两掌扶于两大腿上。接着，借助两手推力，两腿向前上方快速摆动，同时挺胸、挺腹、头顶地。随两腿摆动的惯性使身体腾空跃起。然后，两脚同时落地站立。

动作要点：两腿摆动与挺腹要协调一致，两腿分开通常小于两肩的宽度。

(9) 腾空箭弹。将右脚向前上步，膝关节伸直，以脚后跟着地；左臂前摆，持龙珠后摆；目视前方。接着，右脚踏实蹬地向上跳起，左脚随之向前、向上摆起，同时右脚蹬地向上跳起，使身体腾起；右腿迅速挺膝向前上方弹踢，脚面绷平，左腿屈膝回收。

动作要点：起跳腿要充分蹬伸，上体后倾要伴随向前送髋，同时注意提气、立腰、向上顶头；在空中要收髋、收腹、上体稍前倾。落地时，要用前脚掌先着地，然后过渡到全脚，随之屈膝、屈髋加以缓冲。

(二) 舞龙的组合动作

1. 游龙动作

游龙是舞龙者在快速奔跑游走过程中，通过龙体运动的高低、左右、快慢的起伏行进，充分展现龙的婉转回旋、左右盘翻、屈伸绵延等龙的动态特征。游龙动作主要包括直线行进、曲线行进、走圆场、起伏行进、行进中越障碍等。

动作要点：龙体在行进中应遵循圆、弧、曲线的运动规律，舞龙者应协调地随龙体起伏行进。

2. 翻滚动作

"翻滚动作"是指龙身运动到舞龙者脚下时，舞龙者利用滚翻、手翻等动作从龙身越过。在做翻滚动作时，必须在不影响龙身运动的速度、幅度、美感的前提下，及时完成。

动作要点：动作应干净利索，规范准确，并保持龙身运动轨迹流畅圆顺，龙形饱满。

3. 穿腾动作

穿腾包括穿越和腾越两种方式。龙体动作线路呈交叉形式，龙珠、龙头、龙身各节依次从龙身下穿过称为"穿越"。龙珠、龙头、龙身各节依次从龙身上越过称为"腾越"。穿腾动作主要包括穿龙尾、龙穿身、越龙尾、首尾穿肚、穿尾越龙身、腾身穿尾、龙脱衣、龙戏尾等。

动作要点：在做动作时，龙形应保持饱满，穿腾动作流畅不停顿，速度均匀，轻松利索，不拖地，不碰踩龙身。

4. "8"字舞龙动作

"8"字舞龙动作指舞龙者将龙体在人体左右两侧交替做"8"字环绕的舞龙动作。"8"字舞龙动作包括原地"8"字舞龙和行进间"8"字舞龙。并且该动作可以结合伴奏锣鼓的节奏作快慢变化。同时，也可以充分利用舞龙者的身体姿势变化，如在单跪、靠背、跳步、抱腰、绕身等身体姿势下，做各种不同的"8"字舞龙。

动作要点：在做"8"字舞龙动作时，动作要圆顺，队员速度要一致，做到龙体运动与人体协调、统一。

5. 组图造型动作

组图造型动作是指龙体在运动中组成活动的图案和相对静止的龙体造型，主要包括龙门造型、塔盘造型、龙出宫造型、蝴蝶盘花造型、上肩高塔造型、龙尾高翘、人横8字花慢行进等。

动作要点：要求静止造型形象逼真，以形传神，以形传意，与龙珠配合协调，组图造型连接、解脱要紧凑、利索。

(三) 舞龙的基本方法

1. 舞龙头

在舞龙头时，龙头动作紧随着龙珠移动，龙嘴与龙珠相距1米左右，似吞吐之势，注意协调配合，应时时注意龙头不停地摆动，展现出龙的生气与活力、威武环视之势。

动作要点：在龙头替换时，不能影响动作的发挥；因龙头体积较大，在左右摆动时不得碰擦龙身或舞龙者；与龙珠保持 1 米左右的距离。

2. 舞龙身

舞龙身者必须随时与前后保持一定的距离，眼观四方紧跟前者，走定位，空中换手时尽量将龙身抬高，甚至可跳起；舞低时，尽量放低，但千万别将龙身触地，在高低左右舞动中，龙翻腾之势即展现其中；还必须随时保持龙身蠕动，造成生龙活虎之势。在跳与穿的动作中，需要特别注意的是柄的握法，柄下端不可多出，否则会刮伤别人。龙身在左右舞动时，龙身运动轨迹要圆滑、顺畅；龙身不可触地，脱节；龙体不可出现不合理的打结。

动作要点：在左右舞动时，龙身运动轨迹要圆滑、顺畅；龙身不可触地、脱节；龙体不可出现不合理的打结。

3. 舞龙珠

龙队的指挥者即为持龙珠者，在鼓乐伴奏下，指挥者引导舞龙者完成龙的游、穿、腾、跃、翻、滚、戏、缠、组图造型等动作和成套动作，整个过程要生动、顺畅、协调。

动作要点：双眼随时注视龙珠，并环视整队及周边环境的情况变化，与龙头保持协调配合，同时与龙头保持 1 米左右的距离，龙珠保持不停地旋转。

4. 舞龙尾

在龙尾舞动时，翻尾要轻巧生动、不拖泥带水，否则容易使龙尾触地，损坏器材，并且还会让人感到呆板。龙尾亦是时时成为带头者，由于有些动作必须龙尾引首，龙尾亦是整条龙舞动弧度大小的控制者，因此，具有明确精练的头脑亦为舞龙尾者必备的条件。持龙尾在穿和跳的动作里，更应注意尾部，勿被碰撞或碰撞别人，最重要的是随时保持龙身的摆动。

动作要点：不能触地；龙尾在舞动过程中始终保持左右的晃动；并控制左右舞动弧度的大小。

第二节 龙舟的发展与实践指导

龙舟，又叫赛龙舟、划龙船，它是我国一项独具风格、别有情趣的民族传统体育活动。龙舟运动在我国南方地区开展得非常广泛，在江苏、浙江、福建、湖南、湖北、四川、云南、贵州、广东、广西等地都很盛行，有广泛的群众基础，深受我国各族人民的喜爱。

一、龙舟的分类

在各族人民中，龙舟运动的方式也存在一定的差别，其中傣族龙舟、白族龙舟和苗族龙舟最为著名。

(一) 傣族龙舟

傣历的每年六、七月是其著名的节日"泼水节"，在这期间会举行傣族龙舟比赛。傣族的龙舟竞渡已有两千多年的历史，其与内地龙舟有着很大的不同。其龙舟是用木头制成，长约 40 米、宽 1 米，两头尖尖地翘起，每船 50 人，分两排坐定，4 名舵手和 4 名引道手。在比赛时，由一人敲锣指挥，赛手们按鼓声节奏划桨前进，你追我赶，两岸百姓在锣鼓声中载歌载舞，尽情欢跳助威。

(二) 白族龙舟

每年的八月初八是白族的传统节日"耍海会"，在这一天将会进行划龙舟活动。龙舟除有彩旗、绣球和响铃之类的装饰外，还将龙舟画成黄龙、黑龙、青龙等。在每条龙舟上，通常有 20 名划船手，龙舟头还有数人的乐队在比赛时伴奏助威。

比赛开始后，吆喝声、加油声、锣声、唢呐声、响铃声不停，热闹无比。各条龙舟绕过海子中的折返点标志后，第一个返回起点的即为胜者。

(三) 苗族龙舟

苗族的赛龙舟运动也有着悠久的历史。据清乾隆徐家干著的《苗疆闻见录稿》记载，苗族赛龙舟不同一般，特别是在龙舟的制作上别具风格，它是由 3 整根巨大的树干挖槽而成的原始龙舟，显得古朴而又结实。中间一条为主龙舟，长约 23.3 米、宽约 1 米；左右两边龙舟长约 16.7 米、宽约 1 米。中间的母舟和旁边的两条子舟被平行捆绑在一起，船头和船尾分别做出龙头和龙尾的形状，然后分别涂以各种颜色，三舟合一的龙舟就此而成。

苗族的赛龙舟是在每年的农历五月二十四至二十七日的"龙舟节"中举行。在这个节日中，苗家人习惯乘坐龙船走亲访友。每当过寨时，龙船要鸣放铳炮，而亲友则在岸边燃起鞭炮迎接。龙船靠岸后，划龙船者拿出菜与饭在船帮就餐，小孩们必须围拢上来讨"路边饭"，据说吃了龙船上的菜饭可以免祸和消灾。在比赛时，龙舟船头挂起家禽以示吉祥，每条龙舟的苗家划龙船者个个彪悍强壮，头戴马尾斗笠，手持细长木桨，顺着锣声节奏奋力划桨前进。另外，苗家划龙船还有个习俗，即如果有隔阂的龙船手只要上了龙船，就得握手言和，这三舟合一的龙舟本身就是团结和睦的象征；其次，凡是参加龙舟比赛的，必须忙完农活，如插好秧等再去划龙船方感自豪，否则会受到大家的奚落和耻笑。

二、划龙舟基本技术实践

(一) 划龙舟队员职能实践

根据划龙舟队员的职能不同，可将其分为划手、鼓手、锣手、舵手。

划手的身体姿势分为坐姿、站姿和单腿跪姿。从力学的角度来讲，坐姿是较为合理的划龙舟姿势，而站姿、单腿跪姿则多在民间的龙舟比赛中采用。采用合理的身体姿势可以有效地减少划水的阻力，有利于两臂的活动，使动作配合更协调、更有力。而民间其他姿势的出现则增添了比赛的趣味性。

鼓手的姿势可分为站立打鼓、坐打鼓和单腿跪姿打鼓。由于各地的传统不同，他们的鼓点、鼓法也存在一定的区别。

锣手的姿势可分为站立打锣和坐着打锣。在民间比赛中，锣手往往是由男扮女装的人员担任的。但正式比赛锣手要和队员统一着装，不许做多余的动作。

舵手的姿势有站立把固定舵、站立把活动舵和坐着把活动舵。在民间的龙舟比赛中，其舵长往往是不一样的，另外，舵手还可以参加划水，但在正式的龙舟比赛中，每条龙船的舵的长度是统一的，而舵手也不能参加划水。

(二) 划龙舟技术实践

划手的动作方法由坐姿、握桨、入水、拉水、浆出水、前推移桨和集体配合等技术环节组成。

1. 坐姿

右排划手的身体保持坐姿，右大腿外侧紧靠船边，将右腿弯曲，脚掌后撑自己座位下的隔板，左腿半屈，脚掌前撑前排隔板（左、右腿也可互换）。左排划手的坐姿与右排相反。

2. 握桨

右排的划手左手先放在桨把的上端，四指从外向内并拢，掌心紧贴桨把上端，大拇指从内向外包住桨把。右手在桨的下端（桨叶与桨把的交界处），四指从外向内并拢，大拇指从内向外包住桨把。划行时要自然放松，不能握得太紧，否则掌心容易起泡。左排坐姿的握桨要领与右排一样，只要左、右手换位就行了。

3. 入水

左排划手在划水时，要将身体前倾，转动躯干，右肩前伸。背部、肩部发力传给左臂，左肘关节微屈，抬肘，形成高肘动作。在桨入水瞬间，左臂用力向下压浆至拉水完毕。浆入水时右臂向前伸直，浆入水的角度在 80°~90° 之间为宜，在浆入水后，将右臂后拉，肘关节不能向外伸，整个动作与火车轮的传动臂相类似。

4．拉水

浆入水后划手马上要拉水，拉水时右臂后拉，左臂向下压浆，右腿（或左腿）前蹬隔板，躯干有后移动作，拉水距离为 1~1.2 米，拉水时浆要垂直水面。

5．浆出水

浆出水是在浆拉水结束后的出水动作。在出水时，将左臂放松，上抬提浆。右腕内扣，上抬提浆，使浆叶御水。

6．前推移浆

通常而言，比较常用的前推移浆方法主要有以下两种。

(1) 左手下压，使浆几乎与水面平行，接着右臂往前推浆，然后入水。这种前推移浆方法在风浪较大的比赛场地，队员身材不高，但手臂力量大时比较适合。

(2) 左、右臂上抬前推。在前推过程中浆叶不能碰着水面，否则会产生阻力。也不能提得太高，影响向前伸展手臂、入水时间以及划行的速度。

7．集体配合

赛龙舟是一种对集体配合要求很高的体育运动，在比赛中，要求握浆的技术动作一致、入水角度一致、入水深浅一致和用力均匀协调一致，并且全体人员都要服从指挥，随哨声或鼓声划行，其节奏是咚（鼓声）、喳（划水声），划浆动作要与呼吸协调配合，起浆时吸气，划浆时呼气。

第三节　搏击的发展与实践指导

搏击是我国民族传统体育的重要项目，包括摔跤、擒拿等项目。搏击项目具有健身和技击价值，经常参加搏击项目习练，不仅能有效地增强体质，还能练就御敌防身的本领。

一、擒拿基本理论及教学实践

擒拿术历史悠久，是我国传统体育的重要组成部分，它以其重要的技击防卫价值，历来受到人们的欢迎和喜爱。擒拿具有自己独特的风格，并且有着较强的实用性，发展到现在，一些警校甚至将其作为一门重要的课程。

（一）擒拿基本理论

1. 擒拿的起源及分类

在我国古代文献记载中，"擒"字的使用在史籍中出现较早。《春秋公羊传》庄公十二年记载："（宋）万怒，搏闵公，绝其脰。"所谓"绝其脰"，就是用擒拿中的"锁喉法"，使之气绝而死。《汉书·娄敬传》载："夫与人斗，不扼其亢，拊其背，未能全胜。"亢，是喉头，"扼亢"是擒拿的一种方法。由于擒拿有明显的技击作用，故为历代兵家所重视。明代戚继光《纪效新书·拳经·捷要》中介绍各拳术名家时就有"鹰爪王之拿"的记载。清朝称为串指，直到民国才系统地称为擒拿，或称之为拿技。由此可见，擒拿术中的"擒"字含义是较明确的，"擒者，捉也"，"鸟力小可擒捉而取之"，形容擒拿胜对手犹如捕获小鸟般轻而易举。

擒拿还可以分为大擒拿和小擒拿。其中小擒拿又称锁筋扣骨手，都是一些小巧功夫，主要是在近身格斗中锁拿敌人的小关节和主筋等部位。而大擒拿又称作分筋错骨手，主要是通过拿捏敌人的肌腱或利用反关节技术令敌人的大关节失去功能。

总之，可将"擒拿术"定义为：以至微之巧力，擒敌于肢体一部位或某部位，使其身体关节受制，而失去反抗能力被擒的技术或技法。至于何时为擒，何时为拿，可谓见仁见智，众口纷纭。根据擒拿术特点，以统一握为"擒"，指扣合作拈指打之或捉之为"拿"；或者说以施法制敌为"拿"，接手为"擒"。

2. 擒拿的风格及要诀

(1) 擒拿的风格。擒拿可以分为拿骨，即反关节，拿筋和拿穴三类，其中以拿骨为其核心技术，它以巧制关节为手段，以擒伏对手为目标，以不伤害对手而达擒获为高超技能，充分体现中华武术"巧打拙，柔克刚"的特点。

(2) 擒拿的要诀。擒拿的要诀主要有五点：

①胆大，所谓的胆大就是指临阵杀敌时的策略；②力雄，指身体壮，力气雄。这是擒拿中取胜的物质基础；③准确，擒拿不但技术非常复杂，规格十分严谨，而且在使用时必须精细准确；④快速，擒拿是应敌防身之术，因此，擒拿动作要快速，能以一快制百慢，能在快速中赢得制胜的时间；⑤狠毒，狠毒是指使用擒拿术靠近敌身，攻其要害，或最大限度地牵张敌人各关节，使之旋折。

(二) 擒拿的基本手法教学

擒拿的手法有很多，在擒拿术中占据着重要的地位，可以说要想掌握基本的擒拿技术及动作方法，首先就要熟练掌握擒拿的基本手法。根据关节活动和手法运用的特点可将擒拿的手法分为抓、压、托、刁、拧、推、架、拨等十几种，其中每一种手法都是非常重要的，都需要反复练习以求熟练掌握。

(1) 抓。对方用拳或掌击来，五指合力将其前臂或腕关节握住。在实战中，抓和拿是并举配合运用的。

(2) 压。当对方用拳或掌击打我方腹部时，我方前臂由上向下挤住对方前伸臂用力向下。其常与拿一起使用，压住对方的臂、腕、肘、膝等关节处，使其无法移动。

(3) 托。对方用拳或掌由上向下击来，我方用手掌由下向上举，控制对方手臂，阻止对方下击。

(4) 刁。对方用拳或掌击打我方头面部，我方反手由里向外，小指一侧先接触对方前臂或腕关节，然后五指合力，将其前臂或腕关节攥住。

(5) 拧。对方用拳或掌击来，抓住对方前臂或腕关节向里或向外旋转，将其控制住。

(6) 推。对方用拳或掌击来，用手向外或向前用力，使其前臂移动，改变攻击方向。

(7) 架。对方用拳或掌击来，用前臂向上横截，支撑对方前伸臂。

(8) 拨。当对方用拳击打我方腹部时，我方用前臂由上向下、向里封堵，使对方攻击方向改变后迅速回收。

(9) 缠。当对方抓住我方手腕时，我方被抓手以腕关节为轴向上、向外、向下旋转，抓拧对方手腕。

(10) 搅架。对方用拳或掌击打我方头面部，我方用前臂向斜上方架出，拳心朝里，当触到对方前臂后迅速外旋上架前臂，拳心朝外。上架前臂要贴紧对方前臂，不但使对方前臂改变攻击方向，还可紧紧将其控制住。

(11) 搂抓。对方用拳或掌击打我方头面部，我方用前臂由下向上横截，当触到对方前伸臂时，顺势反手抓紧对方前臂或腕关节，用力向自己斜下方拉。

(三) 擒拿基本功教学

擒拿，是以至微之巧力，擒敌于肢体一部位或某部位，使其身体关节受制，而失去反抗能力被擒的技术或技法。其基本功主要练习的是指力和腕力，只有指力和腕力得到加强了，运用擒拿技术才得心应手，才能制服对手。

(1) 指功。面对墙壁或木桩、其他物体，用两手食指交替向其戳击。初学者开始练习时用力不要过猛，练习次数由少到多。

(2) 抓罐子。自备一个小罐子，内可装沙子等物，重量大小适宜。两腿屈膝半蹲成马步，左右手交替抓罐子。也可抓铁锥等物体。重量和练习次数可逐渐增加，如图 5-1 所示。

图 5-1

(3) 抓沙袋。自制一个重量适宜的小沙袋，内装沙子或谷物。两脚开立或两腿屈膝蹲成马步，然后一手上抛沙袋，待其下落时另一手迅速抓握，左右手交替抛接沙袋，反复练习。此项练习还可以两人或多人互相扔、抓沙袋反复练习，如图 5-2 所示。

图 5-2

(4) 抓铁球。两腿开立半蹲，一手抓握铁球，然后上抛。当铁球下落时，另一手迅速抓握，两手交替反复练习，如图 5-3 所示。

图 5-3

（5）推砖。两脚开立，屈膝半蹲成马步。上体正直，两手各握一块砖，拇指在上，屈肘收于两腰侧，目视前方。然后左右两手交替向前平推，动作同冲拳。初练时重量可轻，随功力增强，练习的时间、次数和重量可逐渐增加，也可手持哑铃做冲拳练习。开始每组 30 次，每天推 2~3 组，以后可不断增加，如图 5-4 所示。

图 5-4

（6）拧棒。将若干块砖或一个重物系在一绳子上，拴在圆木棒上。两手各握木棒两端。两脚开立蹲成马步，两手向前臂伸直，握棒两手向前下用力拧棒，将重物拧起，随即两手向后反拧慢慢放下，如此反复练习。初学者可用一块砖或轻重量的物体练习。随着功夫的增长，练习的时间、次数和重量逐渐增加。一般每次练习 3~5 组，每组 50 次，如图 5-5 所示。

图 5-5

（7）缠腕。二人面对，相距两步左右半蹲成马步。甲乙双方同时伸出左手或右手，由对方外侧向里，两手相交在手腕处，同时向外旋，掌心向下，虎口向前抓握对方手臂向下拧压，然后将手松开，再以另一手缠抓对方。如此反复交替练习，目随手转，如图 5-6 所示。

图 5-6

二、摔跤基本理论及教学实践

摔跤在我国也有着悠久的历史，通过参与摔跤运动能很好地发展和提高人的体能素质，目前，在我国一些高等院校或体育院校中开设有摔跤选修课，极大地促进了我国摔跤运动的发展。

（一）摔跤基本理论

与世界其他民族的摔跤运动不同，我国传统的摔跤运动有着悠久的历史以及自己鲜明的民族特色。

1. 摔跤的起源及分类

摔跤有着悠久的历史，其产生最早可以追溯到原始社会。当时，社会生产力非常低下，人类为了争取生存，经常手持棍棒和石块等狩猎工具与野兽搏斗，有时在不得已的情况下还得徒手与野兽搏斗，这就逐渐形成了摔跤的雏形。

随着社会生产力的不断发展，人们为了争夺生产与生活资料，不断发生了各种战争，而在战争中人们学会了生存和自卫的各种方法，其中摔跤就成为重要的学习内容。后来，摔跤还成为训练奴隶的军事体育项目之一。据考证，中国在远古时代就有角抵形式的摔跤游戏。中国古代摔跤又成为"角力"。到了宋代，已有专门论述摔跤的书籍《角力记》。

一般来说，摔跤分为古典式摔跤和自由式摔跤两种。古典式摔跤禁止抱握对手腰以下部位、做绊腿动作以及主动用腿使用动作。自由式摔跤允许抱握对手的腿、做绊腿动作，允许积极地用腿使用动作。双腋下握颈动作禁止在女子摔跤中使用。

摔跤主要有三项特点：①健身性。经常参加摔跤运动，能极大地增强自身身体素质，发展身体机能。②表演性。摔跤的技法有很多，双方运动员之间的攻防转换具有较强的观赏性，能给人带来一定的心理愉悦。③技巧性。摔跤技术对运动员的要求较高，运动员不仅要具备扎实的基本功，同时还要练就一定的技巧，这样才能打败对方，取得比赛的胜利。

2．摔跤基本教学

(1) 站立姿势。其基本姿势为运动员站立，一脚站于另一脚的斜前方，两脚之间的距离约为一脚宽，两膝微屈，上体略前倾，两肘贴紧肋部，前臂向前伸出，尽量使身体重心平均分配在两腿上。

(2) 跪撑姿势。跪撑姿势是指比赛时从站立姿势转入跪在垫子上继续比赛，运动员两膝跪在垫子上，两手撑垫，两膝间距离大约与肩同宽，足尖撑地，两手间距离略宽于肩，手与膝间的距离不得小于 20 厘米，两脚不得交叉。在摔跤比赛中，运动员在掌握了跪撑姿势后，重要的还是要学会如何从跪撑姿势迅速站起来成站立姿势或从跪撑姿势迅速摆脱对方的控制。

(二) 摔跤技术教学

1．跪撑

跪撑技术主要包括两个部分，即摔和翻。用摔的方法时，主要是使对手离开垫子。如运用桥摔、半桥摔、向侧或向后摔。用翻的方法则一般是不使对手身体全部离开垫子。在跪撑技术中，凡是没有用上肢握抱或用下肢勾绊对方腿部的动作都是古典式摔跤动作，其他只能在自由式摔跤中才被允许使用。

(1) 后抱腰滚桥翻。属翻的一种。从对手后面抱住对手腰部进行滚翻，要求使用者呈桥的姿势。

(2) 杠杆握颈翻。属翻的一种。主要采用前臂压住对手颈部，两臂利用杠杆作用翻对手。

(3) 侧面抱单臂翻。属翻的一种。拉住对手一臂使用挤压的方法将对手侧翻过去。

(4) 里肩下握颈翻。属翻的一种。一手由对手左腋下穿过握住对手头颈，右臂压抱对手腰部或用右手握自己的左前臂并用右臂压在对手的肩背上，同时左臂用力撬压对手左肘关节和头颈，用上体搓挤对手身体左侧，左腿配合向对手头前移动，将对手翻转过去并控制住。

(5) 外肩下握颈翻。属翻的一种。身体移向对手左侧，右手从对手右腋下穿过握对手头颈，左腿跪于对手左腋下挡住其左侧身体的移动，然后右臂用力向左撬压对手右肘关节并用手下压对手头颈，并用左手协助撬压，将对手翻转过来并控制住。

(6) 反抱躯干翻。属翻的一种。双手反抱对手腰部，然后双臂用力向上抱提对手腰部，同时用身体左侧压住对手左侧上体，蹬腿、挺腹、抬头，将对手向自己的左后方向翻转过去。

(7) 前握肩颈滚翻。属翻的一种。抱压住对手头部并抱压对手的肩颈，用左臂圈直对手的右臂，右手从对手左侧腭下穿进环抱住对手肩颈，向自己身体左侧成桥滚翻，将对手滚翻过去。

(8) 正抱提过胸摔。属跪撑摔的一种。从对手后面抱住对手腰部，将对手整个身体提起成过胸摔将对手摔倒。

2. 过肩摔

过肩摔是摔跤比赛中常用的技术，指以腰为支点，将对方从肩上摔过的技术，这种技术具有较强的观赏性和杀伤力。

(1) 握臂过肩摔。过肩摔的一种。在古典式中常被运动员所使用，俗称背付投。通过抓握住对手单臂从肩上将对手摔出。

(2) 抱单臂挑。过肩摔的一种。属于自由式摔跤动作。是练习者抱住对手一手臂，同时用腿从外向内挑摔对手的技术。

(3) 钻扛向侧摔。过肩摔的一种。头部潜入对手腋下，向一侧翻转摔倒对手。

(4) 钻扛向后摔。过肩摔的一种。头部潜入对手腋下，佣一臂抱住对手腰部，向后摔倒对手。开始的动作与钻扛向侧摔是一样的，只是一个是向侧摔，一个是向后摔。

3. 过背摔

过背摔技术是指利用自己的腰部为支点将对方从背上摔过去的技术。此动作幅度大，得分分值较高。利用腰作为支点，就如同力学的杠杆原理一样，动力臂越长就越省力。摔跤时进腰的动作就是用力使对方的身体向前失去平衡，自己转体和对方平行贴紧，降低身体重心，用腰背作为支点作用在对方的下腹部，两手或两臂配合做动作，就可以使对方在支点的作用下向前失去平衡并大幅度滚倒，在一定范围内，支点越高越费力，支点越低越省力。其他摔法的原理大致如此，只是支点不是用腰，而是用腿、用脚、用手法上的变换等。

(1) 夹颈和臂过背摔。夹颈和臂过背摔，又被称为夹颈背，即夹住对手颈部，通过转身将对手背在身上并摔倒。

(2) 握臂和躯干过背摔。握臂和躯干过背摔，俗称后把背和下把背，即将一只手臂插进对手腋下并抱住对手的腰，通过转身将对手背在身上并摔倒。

(3) 抱肩颈过背摔是过背摔的一种。在古典式中常被运动员所使用，由于古典式摔跤比赛中，双方运动员经常四臂搭扣在一起，此技术即在搭扣中转身将对手背在身上并摔倒。

(4) 握同名臂和躯干过背摔（自己左手握对方左臂）也是过背摔的一种，即将头伸进对手腋下用肩背翻转发力的方式将对手背在身上并摔倒。

4. 过胸摔

过胸摔是指搂抱对方，将其从胸上摔过的技术。一般来说过胸摔与过桥摔非常相似，只是过桥摔是成桥向后摔倒对方，动作幅度更大一些。摔跤中常将二者合称为过胸摔，是分值较高的技术，一般用在古典式摔跤中。

(1) 躯干过胸（桥）摔是过胸摔的一种，也是古典式摔跤运动员常用的高分值动作。即用两臂勒紧对手上体并将其一臂抱住，然后主动后倒，同时两腿蹬地发力，用腹部撞击对手腹部，抬头后仰挺胸，当后脑部快要着地时，向一侧转体将对手摔倒在垫上并控制住。

(2) 后抱腰过胸（桥）摔也是过胸摔的一种，是利用接臂转移或潜入转移技术转到对手身后抱住对手腰部使用过胸摔的技术。

(3) 捧臂过胸摔。过胸摔的一种，是将对手一臂夹在自己腋下，用自己的另一手臂插在对手腋下并使用过胸摔的技术。

(4) 锁双臂过胸（桥）摔。过胸摔的一种，它是利用对手抱住自己的上体时，使用的过胸摔技术。

(5) 侧面抱躯干过胸摔。过胸摔的一种，从对手身体一侧用两手臂将对手臂和躯干一同抱住，使用过胸摔技术摔倒对手。

5. 抱折摔

抱折摔是抱住对手躯干等部位，用力折倒对手的技术。

(1) 抱腰折。属于抱折摔的一种。两臂环抱对手腰部并用力向前勒腰，头向前下方用力，将对手折成仰卧。

(2) 抱单臂折。属于抱折摔的一种。两手握抱对手一臂，有一个来回劲，整个身体向下折对手单臂，使对手来不及调整身体重心而向后摔倒成仰卧姿势。

6. 抱绊腿摔

抱绊腿摔是自由式摔跤中常用动作之一，即握抱或勾绊对方单腿或双腿，使对方失去平衡而被摔倒。

(1) 握颈扣同名腿摔。抱绊腿摔的一种。握对方颈部并用另一手抠住对手的腿摔倒对手。

(2) 握颈扣异名腿摔。抱绊腿摔的一种。与握颈扣同名腿摔的不同就在于一个是左手扣左腿，另一个是左手扣右腿。

(3) 抱单腿手别摔。抱绊腿摔的一种。即抱住对手单腿，用另一手别住对手另一腿摔的技术。

(4) 抱单腿压摔。抱绊腿摔的一种。即通过抱住对手单腿用身体的重量压对手腿而摔倒对手，主要是用肩胸部位压。

(5) 抱双腿冲顶。抱绊腿摔的一种。即抱住对手双腿向前冲顶的摔法。

(6) 穿腿侧摔。抱绊腿摔的一种。俗称穿腿。即用一手臂穿进对手两腿，同时肩、头潜入对手腋下，身体向一侧滚动，将对手摔成仰面倒地。

(7) 穿腿前摔。抱绊腿摔的一种。俗称穿腿。即用一手臂穿进对手两腿间，同时肩、头潜入对手腋下，身体向一侧滚动，低头将对手摔在自己身体的前方。

第六章　民族传统体育与非物质文化遗产保护

第一节　非物质文化遗产及其保护

一、非物质文化遗产的含义与特点

(一) 非物质文化遗产的含义

根据联合国教科文组织的《保护非物质文化遗产公约》定义：非物质文化遗产（intangible cultural heritage）指被各群体、团体、有时为个人所视为其文化遗产的各种实践、表演、表现形式、知识体系和技能及其有关的工具、实物、工艺品和文化场所。

各个群体和团体随着其所处环境、与自然界的相互关系和历史条件的变化不断使这种代代相传的非物质文化遗产得到创新，同时使他们自己具有一种认同感和历史感，从而促进了文化多样性和激发人类的创造力。公约所定义的"非物质文化遗产"包括以下方面：①口头传统和表现形式，包括作为非物质文化遗产媒介的语言；②表演艺术；③社会实践、仪式、节庆活动；④有关自然界和宇宙的知识和实践；⑤传统手工艺。

根据《中华人民共和国非物质文化遗产法》规定："非物质文化遗产是指各族人民世代相传并视为其文化遗产组成部分的各种传统文化表现形式，以及与传统文化表现形式相关的实物和场所，包括：①传统口头文学以及作为其载体的语言；

②传统美术、(梅花篆字)书法、音乐、舞蹈、戏剧、曲艺和杂技;③传统技艺、医药和历法;④传统礼仪、节庆等民俗;⑤传统体育和游艺;⑥其他非物质文化遗产。"属于非物质文化遗产组成部分的实物和场所,凡属文物的,适用《中华人民共和国文物保护法》的有关规定。

(二) 非物质文化遗产的特点

非物质文化遗产具有以下几点基本特征。

1. 综合性

综合性是文化遗产本身或具体到某一个事项的主要特征。特别是文化空间,在其中的某一事项中,往往包括有古代的数学、物理、化学、天文、哲学、宗教、伦理、法律(行为规范)、社会、经济、军事、文学、艺术等。比如一个苗族鼓藏节事项(也是用《苗族古歌》作为祭祀词之一的事项)中对铸柱撑天从材料选择到冶炼描述,就是古代物理化学认知的描述,其中有如"七七四十九天"等一系列象征性数据反复出现,是古代数学的传播,它对事件及天象的叙述,是天文历法的表现,蝴蝶妈妈生出人与神及动物以及对宇宙诞生的描述,就是古代关于宇宙、人、自然关系的哲学思想,仪式中体现出众多关于人的行为规范就是古代的法律,鼓藏节事项中描述的生产与分配方式就是古代的经济体制,表现的战争周折就是古代的军事战术,包含的古歌、音乐舞蹈、服饰银饰就是文学和艺术,活动整体就是苗族的传统的宗教信仰。哪怕一幅小小的布依族的传统蜡染,它也包含有宗教分布、信仰崇拜、哲学追求、审美情趣、工艺技巧等等。这一些就是非物质文化遗产的综合特征,在一个事项中,可以包括有无数个文化的信息。

2. 集体性

非物质文化遗产的每一个事项的立体内涵,都是先人的集体创造。它不像现在的电视电影、喜剧及音乐、小说诗词等,有明确的内容责任人,即创作者。它是某一事项的初始形态得到集体认同后,在传播、传承过程中逐渐丰富而形成的。

上面所说的集体，有极为明确的社会性，它有可能是一个民族、一个区域、一个社区、一个村落、一个人群、一个行业。集体性不单表现在创造上，还充分表现在传播与传承上。非物质文化遗产众多事项的初始形态一旦得到集体认同后，便会在这个集体中显示出其价值，这个集体在确立了它的价值取向后，开始进行传播，传播的过程，就是各种事项介入集体生产生活、信仰崇拜、祭祀禁忌、岁时节令、人生礼仪、游乐嬉戏等等领域的过程。这样，这些事项开始在某几个方面或一方面去规范人们的行为——包括生产劳作、社会交际、精神向往、艺术创造，等等。传播中这些事项显示出了他对维护社会平衡、推动社会发展的作用，也就体现出了及体检相互借用、互相影响的现象——才有了现代文化人类学中所说的文化圈、文化域，甚至文化社区、文化群落、文化村落这些概念。有了集体创造、集体传播、便开始有了集体传承。传承是由遗产事项的价值确定的，继而便有了集体传承的自觉性。物质遗产如遗址、物价等，它的传承（一代接一代研究、移交）是不可变异的，因为它是静态的，固定整型价值的。而非物质文化遗产却是活态的，所以它的传承就出现了一个原则：我们把它称之为"固守主体，横生枝节"；这个主题是传统的，得到一代代集体认同的主要内容，横生的枝节就是根据社会发展的需要去丰富主题内容，去改造一些不适应当时形态的枝节——这就是文化人类学所说的文化遗产产生的变异性。这一切都是集体活动，所以叫非物质文化遗产的集体性。

3. 民族性与地域性

非物质文化遗产的民族性与地域性表现得及明显。其原因主要有三个方面。

(1) 语言交流。古代，氏族集团为坚持自己的独立性与纯洁性，排异在争夺生存空间结仇的周边异己集团，坚持着自己的许多东西，其中最主要的一点就是语言，语言使许多非物质文化遗产在传播和传承过程中保存了它的民族性。

(2) 自然环境和生产方式。例如许多游牧民族，某一个人作为信息传播载体，跟随着他的羊群"逐水草而居"，一年来他的信息可以传播百来平方千米，而南方的稻作民族，他守一窝稻子一守就是半年，这半年他的信息就一直滞留于这一窝稻子旁边。

(3) 种族等级。在我国的各个民族中，都有自己的种族等级，最常见的是区域内的姓氏文化，再后就是阶级诞生之处形成的血缘贵贱文化……这一些非物质文化的事项，为了族间的团结，为了族内的团结，它属于一个禁忌谈论的领域，但它的确是存在的。

正因为有了上面文化遗产的"三性"，才不至于使文化在国际的、国内的霸主文化猛烈冲击下，经历数千年被"克隆"，却仍能最大限度地保存着丰富多彩的盎然生机。

二、我国非物质文化遗产保护的现状

(一) 非物质遗产保护取得的成效

随着我国综合国力的不断增强，各级地方政府把非物质文化遗产保护工作纳入了重要议事日程。文化部统一部署、全面推进，组织开展了一系列卓有成效的工作，并取得了显著的进展，初步建立起符合我国国情的非物质文化遗产保护机制。主要体现在以下几个方面。

1. 政策研究与制定逐步完善

2005 年，国务院办公厅、国务院先后印发了《关于加强我国非物质文化遗产保护工作的意见》和《关于加强文化遗产保护的通知》，确立了"保护为主、抢救第一、合理利用、传承发展"的非物质文化遗产保护工作方针，提出了保护工作的原则和目标。文化部制定出台了《国家级非物质文化遗产保护与管理暂行办法》《国家级非物质文化遗产项目代表性传承人认定与管理暂行办法》等部门规章。地方法规建设也取得了一定进展。云南、贵州、广西壮族自治区、福建、江苏、浙江、宁夏回族自治区、新疆维吾尔族自治区等 8 个省区陆续出台了民族民间文化保护条例或非物质文化遗产保护条例。

2．非物质文化遗产的普查工作基本完成

2005 年 6 月，文化部统一部署了全国非物质文化遗产普查工作，至 2009 年底已基本完成。据不完全统计，这次普查收集珍贵实物和资料 29 万件，普查的文字记录达 20 亿字，非物质文化遗产资源总量是相当惊人的，认定和抢救了一批濒危的非物质文化遗产项目。通过普查，较为全面地了解和掌握了各地区、各民族非物质文化遗产资源的种类、数量、分布状况、生存环境、保护现状以及存在的问题。

3．文化遗产代表作名录体系初步建立

根据国务院办公厅《关于加强我国非物质文化遗产保护工作的意见》的精神，经过推荐、评审、公示、公布等程序，2006 年、2008 年，国务院先后批准公布了两批共计 1028 项国家级非物质文化遗产代表作项目。至 2009 年 12 月，全国各省、自治区、直辖市都已建立了省级非物质文化遗产代表作名录，共有 7109 项代表作项目。一些市、县也建立了本级非物质文化遗产名录。国家、省、市、县四级非物质文化遗产代表作名录体系初步形成。2013 年至 2015 年，文化部相继评定并公布了三批共 1488 名国家级非物质文化遗产项目代表性传承人。地方各省（区、市）也陆续认定与命名了省级非物质文化遗产项目代表性传承人 6332 名。对已认定的代表性传承人，文化部门通过记录整理技艺资料、提供传习场所、资助传习活动、组织宣传与交流、征集代表性作品、建立档案、数据库等方式，积极支持代表性传承人开展传习活动。

4．文化生态保护实验区建设稳步推进

文化生态保护实验区是以保护非物质文化遗产为核心、对历史积淀丰厚，存续状态良好，具有特殊价值和鲜明特色的特定文化形态进行整体性保护，以促进社会全面协调可持续发展而划定的特定区域。文化生态保护区建设是非物质文化遗产保护的一种创新机制。2013 年 6 月至 2016 年 6 月，文化部已相继设立了闽南文化、徽州文化、热贡文化、羌族文化、客家文化（梅州）、武陵山区（湘西）土家族苗族文化、海洋渔文化（象山）和晋中文化等 8 个国家级文化生态保护实

验区。目前，8个实验区的建设工作正在积极而有序地展开。

5．非物质文化遗产展示、传习建设逐步展开

据不完全统计，目前，全国各省（区、市）已建立国有或民营等各种形式的非物质文化遗产馆424个、展厅96个，民俗博物馆179个，传习所1216个。这些基础设施的建立，为保护、传承、展示、宣传当地的非物质文化遗产提供了场所和平台。

6．积极探索非物质文化遗产生产性保护

传统美术、传统技艺类非物质文化遗产具有能耗低、无污染、见效快的特点，适合发展劳力密集型特色文化产业。各省（区、市）积极探索非物质文化遗产生产性保护，为带动相关产业发展，拉动内需，扩大就业，应对全球金融危机，促进经济平稳较快增长等方面，发挥了一定作用。一大批非物质文化遗产项目的老字号企业，通过生产性保护，重新焕发出生机和活力，提高了民族品牌的影响力。

7．社会的文化遗产保护意识不断增强

为了培育和提高全民的文化自觉，营造文化遗产保护的良好社会氛围，国务院设立了"文化遗产日"。2012年以来，文化部及各地文化部门利用"文化遗产日"和中华民族传统节日，大力开展非物质文化遗产展览、展演、论坛、讲座等宣传教育活动。文化部主办了"中国非物质文化遗产保护成果展""中国非物质文化遗产传统技艺大展""中国少数民族传统音乐舞蹈展演"等一系列活动。此外，利用报纸杂志、电视、网络等媒体，全面报道宣传非物质文化遗产保护工作；积极与教育部门沟通，使非物质文化遗产成为对青少年进行传统文化教育和爱国主义教育的重要载体。

8．国际交流与合作不断加强

世界上许多国家在现代化进程中逐渐认识到保护本民族传统文化的重要性，制定了保护非物质文化遗产的专项法规，建立了比较成熟的工作机制，取得了比较成功的经验。例如，丹麦、罗马尼亚、俄罗斯、津巴布韦、瑞士、斯洛文尼亚

等国家采取措施，搜集、记录和整理民间文学艺术，并建立专门机构进行研究；日本、韩国等国专门制定了文化财保护法，通过开展民俗文化财调查、认定重要无形文化财的保持者和保持团体、资助传承等方式，促进无形文化遗产的弘扬；北欧、加拿大等国家和地区开展文化生态保护，建设文化生态博物馆；印度、埃及等国设立专门场所，集中培养手工艺人；法国于 20 世纪 60 年代开展了民间文化遗产的国家性抢救工程，对文化遗产进行"总普查"，每年还有专门的"国家遗产日"活动，增强国民对遗产的保护意识，目前，法国有 1.8 万多个文化协会把保护和展示遗产作为自己的工作。

有关各国开展文化遗产保护工作的经验，对我国的非物质文化遗产保护工作起到了一定的促进作用。2004 年 8 月，经全国人大常委会批准，我国正式加入了《保护非物质文化遗产公约》。文化部积极参与非物质文化遗产保护国际交流与合作，在法国巴黎主办了"中国非物质文化遗产艺术节"，在四川成都主办了两届"中国成都国际非物质文化遗产节"，与蒙古国联合开展"蒙古族长调民歌"的田野调查工作，积极参与"人类非物质文化遗产代表作名录"和"急需保护的非物质文化遗产名录"的申报工作。至 2009 年，已有 29 项非物质文化遗产项目入选联合国教科文组织"人类非物质文化遗产代表作名录"和"急需保护的非物质文化遗产名录"。我国是世界上入选联合国教科文组织名录项目最多的国家。2010 年 5月，"亚太地区非物质文化遗产保护国际培训中心"在中国艺术研究院挂牌成立，成为我国参与国际非物质文化遗产保护工作的重要基地。

(二) 非物质文化遗产保护存在的问题

1. 保护非物质文化遗产的观念滞后，资金技术缺乏

对非物质文化遗产的价值缺乏正确的开发利用。由于对非物质文化遗产的保护工作未纳入国民经济和社会发展总体规划，与保护相关的一系列问题得不到系统性解决，保护标准和目标管理以及收集、整理、调查、记录、建档、展示、利用等工作相对薄弱，保护、管理资金不足。观念滞后表现在：①轻视或忽视民间

文化在主流文化中的地位和作用；②在认识和实践及法制建设中，"文化遗产"被"文物"所取代，"文物"保护被等同于对整个文化遗产的保护，从而使非物质文化遗产的保护得不到足够重视；③认为非物质文化遗产的消失是一种客观必然，主张任其自生自灭，无须保护；④认为目前国家财力有限，无暇顾及，等经济高度发达后，再进行保护。这些认识上的偏差对有效开展非物质文化遗产的保护工作产生了严重的影响。

2．非物质文化遗产缺乏法律保护依据

现有的文物保护法只是将有形文化遗产列入保护范围，对非物质文化遗产，既没有科学的界定和权威的说明，也未能列入该法的保护之下。虽然少数地方出台了地方性法规，但仍不能适应非物质文化遗产的保护需要。

3．缺乏非物质文化遗产的教育及人才的培养，传承渠道不畅

教育领域对非物质文化遗产缺乏重视和价值认知，教育与非物质化遗产保护、传承脱节。我国大学中与非物质文化遗产相关的学科极度缺乏，不能培养提供保护非物质文化遗产所需的社会人才。年轻一代的公民越来越远离本民族的传统文化，生活在充斥着网络、选秀、圣诞节的环境中，而丧失了对民族文化的关注与热爱，中华民族 5000 多年绵延不断的民族民间文化将面临断裂的危险。

三、非物质文化遗产保护的主要途径

（一）加强立法，将非物质文化遗产保护工作纳入法制轨道

鉴于非物质文化遗产的特殊性，单靠"确认、立档、研究、保存、保护、宣传、弘扬、传承和振兴"等保护措施已远远不够。必须加强立法，建立完善的法律体系，才能对非物质文化遗产进行全面的保护。我国对非物质文化遗产保护的法律尚不健全，修改后的《著作权法》，虽然将杂技艺术作品列为保护的客体，但仍没有将"民间文学艺术作品"列入保护范围；《文物保护法》也没有将非物质文

化遗产作为保护的客体。由于立法的滞后，致使许多具有一定历史价值的文化遗产不能得到明确的法律保护，制度性因素对文化遗产保护的影响很大。因此，我们应当借鉴其他国家的做法加大立法的力度。1950 年，日本就颁布《文化财产保护法》；1960 年，韩国颁布《无形文化财产保护法》；1966 年，突尼斯颁布《文学和艺术产权法》，用法律来保护民间文学艺术；1976 年，美国制定了《美国民俗保护法案》。现在世界上以知识产权法保护民间文学艺术的国家已有 50 个左右。当然，我国对非物质文化遗产保护的立法工作已逐步展开。1997 年，国务院出台《传统工艺美术保护条例》；云南和贵州先后颁布了《民族民间传统文化保护条例》等地方性法规。2002 年 8 月，《民族民间文化保护法》的建议稿出台，后该法名称改为《非物质文化遗产保护法》，并成立了专门小组，协调各方加快该部法律的立法进程。2005 年 3 月，国务院颁发了《关于加强我国非物质文化遗产保护工作的意见》，这是国家最高行政机关首次就我国非物质文化遗产保护工作发布的权威指导意见。立法工作是一个复杂的过程，因而，我们必须加大对一些基本问题的深入研究，在实践经验中总结提炼出相关的法律原则并通过立法以完善非物质文化遗产保护的法律制度。

（二）提高全民非物质文化遗产的保护意识

从古到今，从中国到国外的非物质文化遗产保护的方式及过程，我们可以看出人在这里面起一个主导作用，人的素质的高低决定了非物质文化遗产受保护程度的高低。但就我国目前的国民素质来看，我国的非物质文化遗产保护工作可以说是举步维艰。提高全民素质这句话已经出现很多年了，但现在看来似乎作用不大。这当然是有原因的，笔者认为中国教育体制上的问题是一个根本原因，很多学校不大注重学生传统道德品质，民族意识的培养。相反外来文化在中国社会流传开来，现在的学生流行的是过洋节日，对国外的东西十分推崇。当然，这是一个无法改变的现实。我们能做的就是希望他们在接受外来文化时，不要忘记中国人自己的文化。

（三）切实搞好非物质文化遗产的普查工作

搞好非物质文化遗产普查、保护工作的目的，是通过全社会的努力逐步建立起比较完备的、有中国特色的非物质文化遗产保护制度，使我国珍贵的、濒危并具有历史、文化和科学价值的非物质文化遗产得到有效保护，并得以传承和发扬。首先，要全面了解和掌握地域内的非物质文化遗产资源的种类、数量、分布情况、生产环境、保护现状及存在问题，有条不紊地做到全面普查，建立县（市）区级非物质文化遗产保护名录体系。

第二节　民族传统体育非物质文化遗产

一、民族传统体育生存背景的变化

民族传统体育是我国民族传统文化中不可或缺的重要组成部分，依靠其独特的健身、娱乐休闲、表演观赏以及促进人的社会化等特点，在各民族地区群众中广为流传、生生不息。民族传统体育是在人与自然、人与人、人与社会相处的过程中形成的，从根本上说是物竞天择、生存行为演绎进化的结果。从远古时代开始，人们就需要战胜凶狠的动物，或者是采集到常人难以到达的地方的食物，从而开始发展形成发达的骨骼和肌肉，塑造和锻炼出了良好的身体技能。无论哪一个时代，具有勇敢、健壮、灵活等特点的个体往往特别引人注目，其中更有杰出者将出众的身体素质与头脑智慧完美地结合起来，成为部落或族群的首领，受到万众敬仰。在某一次集体猎食或是与人搏斗中，总有优胜者从还在萌芽中的体育运动中脱颖而出，在不同时期带领人们为人类的发展做贡献，从人类学的角度看，民族传统体育在人类文明史上起着淘汰和挑选的作用。

二、民族传统体育的现状

文化的发展需要传承，需要人类保持对传统文化的记忆，以此积累文明成果。民族传统体育是传统文化在特殊环境中塑造出来的文化，是体育文化的记忆载体。如美国的篮球、巴西的足球、日本的柔道、中华民族的武术是各国体育文化的标志，朝鲜族的秋千、藏族的大象拔河、侗族的抢花炮是各自民族文化的活化石，也是集体记忆。但是在众多因素的影响下，民族传统体育出现了文化失忆，许多内容濒临失传，需要以非物质文化遗产加以保护。非物质文化遗产是指各族人民世代相承的、与群众生活密切相关的各种传统文化表现形式（如民俗活动、表演艺术、传统知识和技能，以及与之相关的器具、实物、手工制品等）和文化空间。

自 2004 年 8 月，十届全国人大常委会第十一次会议表决通过了关于批准联合国教科文组织《保护非物质文化遗产公约》的决定，我国掀起了一股"保护非物质文化遗产"热潮。2006 年 5 月 20 日，国务院公布了第一批国家级非物质文化遗产名录（共计 518 项），这批名录包括 10 个分类，分别是民间文学、音乐、舞蹈、戏剧、曲艺、杂技与竞技、美术、手工技艺、传统医药和民俗。其中，杂技与竞技类中民族传统体育包括：吴桥杂技（河北省吴桥县）、聊城杂技（山东省聊城市）、天桥中幡（北京市）、抖空竹（北京市西城区）、维吾尔族达瓦孜（新疆维吾尔自治区）、宁德霍童线狮（福建省宁德市）、少林功夫（河南省登封市）、武当武术（湖北省十堰市）、回族重刀武术（天津市）、沧州武术（河北省沧州市）、杨式太极拳（河北省永年区）和陈氏太极拳（河南省焦作市）、邢台梅花拳（河北省邢台市）、沙河藤牌阵（河北省沙河市）、朝鲜族跳板和秋千（吉林省延边朝鲜族自治州）、达斡尔族传统曲棍球竞技（内蒙古莫力达瓦达斡尔族自治旗）、蒙古族博克（内蒙古自治区）和蹴鞠（山东省淄博市），共 17 项。2011 年 6 月 10 日国务院批准文化部确定的第三批国家级非物质文化遗产名录（共计 191 项）和第二批国家级非物质文化遗产名录扩展项目名录（共计 164 项）。其中，民族传统体育类的内容增加了许多，如拦手门、通背缠拳、佛汉拳、孙膑拳、肘捶、十八般武艺、华佗五禽戏、摞石锁、赛龙舟、迎罗汉和掼牛等内容。我国非物质文化遗产保护不仅制定了"保护为主、抢救第一、合理利用、传承发展"的工作方针，而且规划了"国家—省—市—县"4级保护体系，各省、自治区、直辖市也都建立了自己的非物质文化遗产保护名录，并逐步向市、县等区域纵深扩展。

三、民族传统体育与非物质文化遗产

我国是具有悠久历史的多民族国家，在绵延相传的文化长河中，各族人民通过辛勤的生产、生活不断创造出了颇具民族特色的传统体育项目。"惊心动魄的高空软绳技艺"维吾尔族达瓦孜；古朴而庄重，兼具力量与技巧的蒙古族搏克；"禅武合一"以实战威猛饮誉天下的少林功夫；体现了道家"包藏至道"精髓，将功法与养生完美结合的武当武术——民族传统体育，从远古走来，隐秘深邃，灿若繁星。这些珍贵的财富植根于各民族特有的文化土壤当中，凝聚着各民族的智慧与创造，蕴含着其独特的生活习惯、价值理念、思维方式，具有深厚的文化底蕴，是中华民族文化的重要载体，亦是中华文化软实力的构成要素。加强民族传统体育的传承与保护，对于弘扬民族精神、增强人民体质，获得民族认同感和自豪感具有重要而深远的意义。

由存在方式和文化内涵看，民族传统体育非物质文化遗产，是指那些被各群体或个人视为其文化财富重要组成部分的具有游戏、教育和竞技特点的运动技艺与技能，以及在实施这些技艺与技能的过程中所使用的各种器械、相关实物和空间场所。它既有与体育活动相关的竞赛程序、器械制作等身体运动内容，又有与各民族的社会特征、经济生活、宗教仪式、风俗习惯息息相关的传统文化现象，是一种"活态人文遗产"。

民族传统体育非物质文化遗产观念的确立，是对这一类珍贵文化形态的抢救和保护，是对濒危文化采取的一种记录、保存、评估、拯救、起死回生和人类共享的一项文化工程。体育非物质文化遗产的文化内涵应该包括以下几种层次或范围：

（1）现存原始土著民族的各种各类体育文化中的精华或代表性形态形式；

（2）一国中发达民族（或主体民族）的民间体育文化代表性形态和形式；

（3）一国中发达民族（或主体民族）的濒危性传统体育非物质文化遗产；

（4）一国中非发达民族（或非主体民族）的民间体育文化和传统体育非物质文化；

（5）各个民族、各个种族特殊形式的濒危状态的体育非物质文化（不受创造时间限制）。

2011年《非物质文化遗产法》颁布实施，对于非物质文化遗产的保护具有界碑式的意义，其肯定了非物质文化遗产的历史与经济价值，正式将其纳入法制轨道，迈入新的发展阶段。该法以概括加列举的方式阐述了保护范围，除了我们耳熟能详的民乐民俗外，也将传统体育和游艺项目包含其中，为传统体育保护提供了新的路径选择。然而，不可否认的是，由于民族传统体育所具有的活态流变、不落文字、口耳相传的特殊性，随着前辈的相继离世，"隐秘单传"思想的约束限制、没有足够的文献资料可据考证、传承人后继乏力，其传承也面临着掣肘其发展的不利因素。《非物质文化遗产法》的实施，虽然提出了对于民族传统体育保护的新思路，但如何具体落实仍有待进一步研究，民族传统体育非物质文化遗产的法律保护还任重道远。

据不完全统计，中华民族的传统体育项目有977项之多，其中少数民族有676项，汉族有301项。按照其特点，大致可分为竞技比赛、竞赛表演、娱乐健身操三类，竞技比赛类如：武术、摔跤、马术、龙舟竞渡等等；表演类如：舞龙舞狮、风筝、射术、投壶等；娱乐健身类如：太极柔力球、扭秧歌、导引功法等。2004年，我国正式加入《保护非物质文化遗产公约》，开始履行公约义务，申遗成为工作热点。2005年国务院下达关于非遗保护的工作意见，确立了传承保护的十六字方针，积极展开相关工作。2006年至2014年间，国务院共公布了四批国家级非物质文化遗产名录，总计1836项，其中民族传统体育项目100项，占总数的5.44%。在第六类传统体育、游艺杂技类中竞技类武当武术、少林功法、通背拳等，表演类吴桥杂技、娱乐健身类抖空竹、象棋、围棋等都位列其中。至此，民族传统体育非遗的系统申报基本形成。

2011 年《非物质文化遗产法》颁布，该法采取了以行政保护为主、兼采知识产权法的混合保护模式。着重从调查整理、名录申报、传承传播、合理利用、法律保障五方面进行制度架构，来实现对于非物质文化遗产的法律保护。行政主导式的保护模式有其优势所在，国家、省、市、县四级管理机构执行力强，积极性高，对与地区经济发展有利之处推广迅速。就民族传统体育而言，各级政府一方面通过"文化遗产日"的非物质文化遗产的展示和宣传，普及相关知识；另一方面通过拓展和保护"文化空间"的方式来实现传统体育项目的推广，正是因为每年端午节的庆祝活动、蒙古族的那达慕大会的举行，才使得龙舟竞赛、摔跤、骑射、赛马有了更好的延续存在的基础和条件；同时，政府依托高校资源，充分利用高校人才集中、科研力量雄厚的优势，努力提升文化品位，借助文化辐射力，更广泛的推动了民族传统体育的研究交流和地区传播。目前，民族传统体育作为体育二级学科，已经实现了从本科、硕士、博士人才的系统培养，北京体育大学、上海体育学院、华南师范大学、苏州大学等高校已形成了稳定的研究团队，人才后备充足、科研成果丰硕。

但行政主导模式也有其弊端所在，比如重绩效难持续、民众参与程度不够。就目前各种传播媒介而言，电视上更多的是对奥运会或奥林匹克精神的诠释，少有关于民运会、民族传统体育项目等节目的转播报道；网络上关于弘扬民族传统体育的流量也非常有限，民俗、民间体育活动更多的局限于固定的节日和形式，对于其传承发展缺乏延续性，不足以全面激发人们保护与传承民族传统体育文化的热忱。而民族瑰宝只有回归民间才能激发它的创造力和生命力，其所在族群的积极发展和普通大众的广泛参与，才有助于形成全面的保护氛围，在这方面显然单靠政府和学界的投入是不够的。究其原因，学者认为，目前的保护模式似乎成了政府的政绩工程，而相关社群并没有得到利益刺激和精神鼓励，调动社群的积极性才是非物质文化遗产保护的关键，其重点在于承认社群对非物质文化遗产的权利。在这一方面，《非物质文化遗产法》的规定略显单薄，《非物质文化遗产法》仅在第四十四条，简单陈述了涉及私权的相关内容。即其与知识产权制度的衔接关系，具体如何适用，语焉不详。为此，人们对于运用知识产权制度进行相关社群的私权保护进行了不同的探索，我们将其逐一分析。

第三节　民族传统体育非物质文化遗产的保护

一、民族传统体育非物质文化遗产传承与保护的主体

（一）民族传统体育非物质文化遗产传承的主体

在民族传统体育遗产中，民间技艺掌门人创作的龙、狮，各类运动或攻防器械等作品，是他们绝技的物质载体。他们所具有的艺术构思、高超的技艺及罕见的绝技、独到的表现手法，以及创作过程中遵循的行业规矩和信仰禁忌等，这些富有无限创造力的经验与智慧，这些无形的精神因子，是民族传统体育的灵魂，是具有根本价值的宝贵财富。要使民族传统体育遗产的传承形成一条奔流不息的长河，人是决定性的因素，因为一旦师傅或掌门人离世，他身上承载的某种非物质文化遗产就会随之消亡，所以，解决传承主体即传承人的问题，是当务之急和重中之重的大事。

民族传统体育传承的主体主要是指一些能掌握民族传统体育技艺的优秀传人与群体，他们是活着的财富，是真正的民族瑰宝。但是随着时光的流逝，这些身怀绝技的传人，大多都步入老年。而且因为师承的关系，许多传人都没能在去世前，把自己所掌握的技艺传授给其后人，造成了"人亡艺绝"的情况。这种情况在现今的研究中并不少见，优秀的传统体育文化就此流逝，着实让人痛心疾首。

造成某些民族传统体育技艺传承面狭窄，后继乏人的状况，其原因是多方面的。

首先，受传统传承方式的局限，在物质匮乏的农耕社会，技艺是从祖辈传袭

而来的，传承人经过自己多年的潜心钻研和磨砺才拥有某种技艺、绝活，怀有一种敝帚自珍式的心态，在他们看来自己所拥有的技艺是立足社会、养家糊口、保护一家平安的独有本领。这种本领只属于本家族或者是某一族群所有，绝对保密、不得外传。这样便形成了技艺单一的传承方式，即一对一的传承；父传子、母传女、师傅传徒弟。为了保证家族拥有的某种技艺或技能不能外传扩散，传承中甚至出现了只传男不传女，可以传给儿媳妇却不能传给女儿的情况。这种保守的传承方式，必然造成某些技艺流传的范围很窄，掌握的人数极少。同时，传授的方式主要是一对一的口传心授，因而对传授者的依赖性很大，若传者突然去世，或传授的技艺无徒可收时，传者所拥有的这门技艺就可能失传。

其次，相对封闭的社会文化环境，是保持传统文化的稳定性和完整性，使民族民间传统技艺能够在代与代的传承中自然延续的客观条件。受现代文化和现代生活方式的冲击，一旦这些客观条件改变了，文化传承就会面临威胁，传承链在某些环节就会断裂。随着现代文化的侵蚀和商品经济的迅速发展，偏远落后的少数民族地区也深受现代文明和生活方式的影响，结束了过去与外界隔绝的封闭状态。社会成员，特别是年轻一代大多钟情于现代时尚，对传统技艺不再有往日的热情。他们有着强烈的求富意识和求知意识，对生存和生活方式与祖辈有着完全不同的理解，加之要学好一门传统技艺需要下苦功夫，难度高、强度大、耗时多、收入低，令很多年轻人望而却步。

要设法改变民族传统体育遗产传承的保守自发的状态，必须逐步走上开放自觉的传承之路，扩展传承的途径，并建立起一套科学有效的传承机制。要实现这一目标，并不是一件容易的事，它需要多方共同努力才能在实践中取得成效。我们认为至少需要以下两个层面的共同努力。

(1) 政府领导层面。各级政府和领导对非物质文化遗产中民族传统体育部分的抢救、保护与传承起主导作用并负有重要责任。除制定出针对我国国情、符合我国实际的传承主体的评估认定体系，提出实施抢救与保护工作的指导性意见外，领导的高度重视也是传承和保护民族传统体育的关键，因为政策、经费均出自该层面群体的素质和决策。

(2) 传承主体层面。"被国家和各级政府指定或认定为非物质文化遗产中民族传统体育项目传承主体的传承人或者是传承单位，都担负着将自己所持有的特定技能传承给后人，对社会贡献自己的责任和义务，享有发展自己所拥有的非物质文化遗产的权利。"譬如成都体育学院的创始人郑怀贤先生，不仅用自己一身精湛的接骨疗伤技术治病救人，更为重要的是，他创办了一所体育院校，开创了运动医学专业，将自己所拥有的医术、制药秘方、武术技艺传给了后人．以其高尚的武德修养、创新探索精神造福后世。

（二）民族传统体育非物质文化遗产保护主体

要有效、有序地开展民族传统体育遗产的抢救与保护工作，保护主体的重要作用是不可或缺的。保护主体主要是指有保护责任、从事保护工作的国际组织、国家政府相关机构、团体和社会有关部门及个人。虽然各级各类保护主体负有不同的责任，承担着不同的保护工作任务，但工作的目标是一致的。那就是要遵循"政府主导、社会参与、明确职责、形成合力；长远规划、分步实施，点面结合、讲求实效的原则。"

1．国际组织

各国的民族传统体育遗产既属于本国，又是全人类共同的精神财富。为了使这笔宝贵的财富得到整个人类的共同关注与重视，使各国民族传统体育遗产保护工作实现国际的交流、合作与相互支持，以更好地保护人类体育文化的多样性，成功地进行国际保护、交流与竞赛是必不可少的。譬如，日本的柔道、韩国的跆拳道就是利用国际组织世界各地的宣传推广，使之成功地进入奥运会成为正式比赛项目。我国的武术也在着手进行类似的宣传与推广，2010 年在北京举行的首届世界武术博览运动会便是有益的尝试。

2．国家政府

民族传统体育遗产虽然是属于全人类的文化遗产，但它存在于不同的国度，它的发明创造者也隶属于不同的国家。从物权的角度看，国家是人类民族传统体育遗产所有权主体，享有对其占有、使用、收益和处分权。因此，各国政府是最重要的保护主体。只有充分发挥这层保护主体的作用，保护工作才能在各个国家充分展开，形成不同的特色。国家应履行的主要职责表现在以下三个方面：①建立健全保护工作领导机制，及时颁布有关政策、法规、战略规划和指导性意见，政府的主要职能是决策、指挥、管理、协调、监督和控制等；②建立权威、全面、科学的民族传统体育保护决策机构，保证决策的合理与合法，成功的决策来源于好的决策机构，好的决策机构应该是人员组成合理、权责分明、运行机制科学协调、决策程序规范以及决策行为公正；③培育大众的文化参与自觉，使民族传统体育项目保护深入人心，这种培育是靠政策方面的引导、靠有效的宣传和教育，组织丰富多彩的活动和竞赛，而不是靠简单的行政命令去干预。譬如每四年举行一届的全国少数民族传统体育运动会就是保护民族传统体育的有效载体，其主体就是在政府行政主导下，由国家民族宗教委员会、国家体育总局共同主管并举办。

3．协会及俱乐部

实现政府关于民族传统体育遗产保护的规划和保护方略，还离不开各种协会、俱乐部和民间表演团体等机构的作用，它们是保护工作的实施者、实践者。民族传统体育保护除了前面提到的行政主管部门外，还包括各民族传统体育项目协会、俱乐部、大学及传统文艺体育表演团体等。

（1）民族传统体育项目协会、俱乐部。这些单位聚集着一大批精通业务的专业人员，优秀运动员。定期组织竞赛活动，并不断完善项目的竞赛规则、规程，通过活动和竞赛，达到推广、宣传和保护的作用。如武术项目门派种类繁多，各门派均成立相应的协会和俱乐部。近几年 CCTV-5 主办的《武林大会》为中华健儿提供了一个展示自己的平台和机会，为弘扬中华武术，保护和挖掘民族传统体育项目提供了契机。用原汁原味的中国功夫，建成中国自主知识产权的赛事，从赛事到市场，从运动员到衍生产品，形成一个完整的产业链，打造中国人自己的民族品牌。类似的其他民族、民间体育协会和俱乐部在我国还有无数个，如龙舟、毽球、中国式摔跤、围棋、中国象棋等等，他们在民族传统体育项目的挖掘、保护和宣传推广中起到了重要的作用。

(2) 大学。特别是处于民族地区的大学，一些学者对于民族传统体育的研究、挖掘、整理，从理论上做了大量基础性研究，同时持之以恒地进行着民俗体育活动的调查研究、田野考察，搜集、采录、整理了大量的资料，发表了一批又一批的论文、调查报告和研究著作，丰富了我国民族传统体育研究的内容。

(3) 传统文艺体育表演团体。传统文艺体育表演团体是杂技、民族、民间体育项目传承及其传承人的保护的主要机构，它肩负传承与保护民族传统体育遗产的双重责任。传统文艺体育表演是通过传人口传身授传递给下一代人的，传人和表演团体是各类民族体育项目的载体，无论哪个门类的传统体育项目，倘若无人会表演，也就名存实亡。如新疆的"达瓦孜"技艺、重庆"铜梁龙"表演技艺、各地的舞狮表演技艺和与之相关的器械制作技艺，等等。

(4) 社区与民众。各种民族传统体育形态是在民族聚居地、基层社区和民众日常生活中演绎和发展的，同时，它们也是民族地区和社区民众文体生活的重要组成部分。因此，应该如《保护非物质文化遗产公约》所说，"承认各社区，尤其是原住民、各群体，有时是个人，在非物质文化遗产的生产、保护、延续和再创造方面发挥着重要作用，从而为丰富文化多样性和人类的创造性做出贡献"。

"民族传统体育作为非物质文化遗产的一个重要组成部分，在抢救与保护的实践中充分发挥民族地区、基层社区的重要作用，是非物质文化遗产学术界的基本共识之一。基层社区是各民族民间文化艺术得以产生、传承和发展的土壤，离开了这一生长的土壤，民间体育文化之树就不能枝繁叶茂、开花结果。因此把民族传统体育保护工作落实到基层社区是行之有效之举。充分发挥基层社区的作用，对于民族传统体育的保护有诸多的好处。首先，由于社区文化生态和社区人文背景的支撑，不仅有可能使民族传统体育项目持久的'活'在民众的生活中，而且在新的条件下，它还可能获得'再生产'的机会，亦即成为社区文化创造力的源泉。其次，实施基层社区的民族传统体育项目保护，还可以促进社区乡土教育的发展，并有利于探讨使民间智慧在社区内获得世代传承的新路径。"在发挥基层社区的作用时，应充分重视和尽量保持其原有的传承机制。

二、民族传统体育非物质文化遗产传承保护的原则

(一) 整体性原则

非物质文化遗产的整体是由无数具体的文化事项构成的，对具体文化事项的保护，要尊重其内在的丰富性和生命特点。不但要保护非物质文化遗产的自身及其有形外观，更要注意它们所依赖、所因应的构造性环境。所以，整体性是一种保护与传承文化遗产而拥有的内容和形式。在民族传统体育整个体系的内容与形式中，传承人所起到的价值是不可忽视的，他们是肢体符号传播的有效载体，社会必须加强对这些群体的保护，因为他们是民族传统体育的另一种显现。而且，民族传统体育也与其存在区域的自然地理环境、社会氛围及风俗有着密切的关系。

(二) 本真性原则

"本真性"是英文 Authenticity 的译名。它的英文本义是表示真实的而非虚假的、原本的而非复制的、忠实的而非虚伪的、神圣的而非亵渎的。民族传统体育是以肢体为符号，其中肢体运动的规范程度、表演和竞赛规则的严谨程度、组织和活动的系统程度都是决定民族传统体育保持原本特征的重要因素。因此，本真性的原则十分重要。如今，由于社会转型带来的人们生产、生活方式及文化生态环境的变化，原生态的民族传统体育正在走向衰落，或走向变异。如电视、网络和书报普及之后，传统民间文艺体育活动对人们吸引力就大大减弱。大量农民纷纷走出山乡到城里打工、经商，致使在农闲时进行的民间文艺体育活动便自然消歇了，如 20 世纪 70、80 年代还能看到的以武术、硬气功表演为主的江湖艺人已几乎绝迹；另外，许多地方受经济利益驱使，将民俗体育活动商品化、庸俗化，使之失去民族传统体育的本真性，这些是我们应该坚决反对的。

(三) 持续性原则

非物质文化遗产的保护绝非是一朝一夕的事，对于这样一种大型的系统文化

工程，需要长久的、持续的、全方位的努力，以求形成一个尊重历史、珍惜传统、继承发展的社会意识。在现阶段以及今后的发展过程中，应本着"保护为主、抢救第一、合理利用、传承发展"的方针有条不紊地进行民族传统体育遗产的保护和传承。

（四）全民性原则

培养全体公民自觉保护民族传统文化的意识是一项非常重要的工作，公民不仅是非物质文化的创造者，更是民族传统文化的传承者，是民族传统文化传承的社会基础，只有通过他们自觉的意识和行为才能有效地对民族传统文化实施保护。全社会应高度重视各种方式方法的引导，培养全民民族传统文化的保护意识，利用各种手段激发民众的自觉行为。

（五）传习性原则

当一个民族或国家处于相对封闭环境中的时候，本土民族文化传习是自然而然的事情，民族文化在不知不觉中传承着。但是在文化频繁、强烈地撞击、交流和吸纳阶段，民族传统文化濒临失忆、消亡之际，传习就显得格外必要。传习是指在民族内部，有意地专门接受本民族传统文化、专项技艺、专门知识的学习，以及在现实生活中运用和继承过程。人是文化传习的载体，教育是文化传习的关键。

三、民族传统体育非物质文化遗产保护的途径

（一）确立指导思想

非物质文化遗产保护的目的是为了更好地利用和发展，主要包括两个方面：一方面，在现代化的冲击下保持世界文化形态的多样性；另一方面，积极挖掘和

开发非物质文化遗产在现代社会中的特殊价值。在保护过程中，我们要通过保护非物质文化遗产中的"活态"因素，促进非物质文化遗产在现代文明中的传承和发展。民族传统体育主要来源于民间，非物质文化遗产的保存和发展与传承人和文化生态环境有密切关系，其中，传承人居于非物质文化遗产传承和发展的核心地位。民族民间传统体育文化传承都是以人与人之间或家族为主，传承方式单一以口述传承或简单文字记录传承，传授传统知识或技艺，各种机关、组织、社会团体和个人应该加以支持和保护。

（二）确立保护方针

2005 年 12 月 22 日国务院颁布《关于加强文化遗产保护的通知》中对物质文化遗产和非物质文化遗产保护方针分别做出了规定。因此，我国民族民间传统体育文化法律保护方针应该是："保护为主、抢救第一、合理利用、传承发展"。所以一切关于非物质文化遗产保护工作的法律制度、工作都应围绕这一方针进行。为了适应非物质文化遗产保护的特殊性，对现行知识产权制度的相关内容做适当修改，制定我国民族民间传统体育项目保护的规章制度。

（三）确立保护机制

我国民族民间传统体育项目是一种独具魅力的体育文化，是民间文学的重要组成部分。对其进行保护，就是为了使我们能够了解和传承我们祖先优秀的传统文化。非物质文化遗产的特征决定了其保护应该是立体、整体和系统的保护。在保护体系的构建过程中，要确立以下保护机制。首先，对民族民间传统体育项目的普查工作是抢救与保护非物质文化遗产的首要工作。对现有的民族民间传统体育项目优秀的民族民间传统文化传承人，进行调查、登记、记录和建档工作。对具有重要历史文化价值且濒危的非物质文化遗产要采取重点扶持的保护政策。

第七章　民族传统体育的传承

在全球化背景下，受到前所未有的异质文化的影响，多元文化竞争激烈，民族传统体育的保护与传承具有极其重要的历史、文化意义，事关地方性文化的有效保护与民族文化的传承与民族精神的弘扬。

第一节　当代民族传统体育的生存空间

20 世纪 80 年代中期以来，全球化（globalization）取代了国际化（internationalization）、一体化（integration）和跨国化（transnationalization），影响到当今世界生活的各个层面，也是当代民族传统体育的生存空间，这一生存空间可以从"文化多元性、全球一体化、文化融合性"三个层面理解。

一、文化多元性

人类在不同地域创造了丰富多彩的地方性文化，德国历史学家奥斯瓦尔德·斯宾格勒（Oswald Spengler）把目前具备较强话语权力的地域性文化类型区分为 8 种，英国历史学家阿诺德·J.汤因比（Arnold Joseph Toynbee）进一步将世界文化分为 20 多种。但这些分类仍然无法涵盖浩如烟海的世界文化。全球化文化呈现多元性的因素主要体现在以下三个方面。

(一) 人和人类社会的存在形态

人类存在方式的多样性，决定了人类文化发展的多元性。不同个体、人群之间因不同聚居环境导致的文化差异被人类学家称之为文化相对性。20 世纪 50 年代，人类学家吉尔兹（CliffordGeertz）在其《地方性知识》一书中介绍，他在巴厘岛—爪哇岛东部不远的地区，发现这个与爪哇在 15 世纪原属同一文化体系的人群表现出截然不同的生活状态，其生活更趋向戏剧化，难以找寻爪哇大众化的哲学情结。对这两个人群的田野研究以其翔实的人类学素材证明受地理因素的制约而表现出文化相对性的客观存在。

(二) 人类文化发展的多方向、多层次、多方式

人们曾经设想的许多事物由于受当时生产力的制约而无法实现，随着生产力提高，生产方式的不断完善，人类文化向多方向、多层次和多方式发展逐渐成为可能。尤其是工业化以及科技进步对人类的影响，不断提高着人类的认识能力和水平，促进着人类对自然和自身的了解不断深入，有利于地方性文化进步。同时随着文化进步以及多边交融，不同地域人群的自我认同情结也越发成为文化多元性的强大动因，尤其是民族的认同情结，使民族文化得到了高度重视和不断地发展，促使着世界文化异彩纷呈。

(三) 文化交融、涵化

人类文化多元性的根本原因在于文化间的交融，具备差异的文化可使交流的双方在互动中受益。当文化间出现差异时，易引起互动双方彼此学习、交流的兴趣和动机，尤其是本土文化中所缺少的内容，可以采借、借鉴异质文化的优点，弥补本土文化之不足，逐渐达到文化涵化。美国人类学家林顿（R. Linton）认为，现今世界 90%以上的文化特质都是在文化接触中因文化采借而产生的文化涵化之果。不过，在涵化过程中，每种地方性文化都会沿着自己文化发展的轨迹使异质

文化产生地域性变化，进而演变为本土特色。由此我们可以这样认为：全球化本身就是一种多元性文化的有机组成，它是民族体育生存的基础所在，更是民族传统体育的生存根本。

二、全球一体化

狭义的全球一体化是在大约 30 多年前第一个全球性通信网络联络系统的建立而开启端倪，这一系统创立了新的经济运行的机制。广义而言，全球一体化是在一个更为久远的历史过程中逐渐形成，它不仅仅是经济领域的运行机制一体化取向，更有文化等领域意识、价值观念和行为方式的一体化趋势，有学者认为是文化帝国主义的作用效应。如汤林森（John Tomlinson）在《文化帝国主义》一书开篇展示的一幅照片所示，世界文化趋向大同，使文化组成部分的各个方面趋于一致形成文化全球化趋势。他认为，有三个主要因素导致了这种格局。

(一) 全球一体化与边界消失有关

边界是构成一个国家、地区的自然屏障，这种屏障在人类社会发展中阻碍着彼此的交流，当然也发挥了维持民族特色的作用。随着时代的进步，多种相互交织的跨越边界的交流过程已经得到了技术上的支持。边界还是一种文化差异的表现，它被人们称为文化疆域。构成一个民族共同认同的文化疆域影响和制约着人们的深入交流和文化问的融合。随着英语等使用人数众多语言的普及，以及翻译手段的进步，更主要是人们逐渐形成了开放的价值观念，消除了互动的语言屏障，冲破了文化边界的限制。其中一个不容忽视的问题是在此过程中强势文化具有较多的话语权，因此强势的西方文化构成了现代全球一体化的主导文化。

(二) 全球一体化与网络化有关

通信领域，特别是大众传播媒介和网络被看作是全球一体化的动力之一。全球一体化的通信业引发了非物质的、价值观念的广泛交流与变化，并且带来了文化的交融，同时这种时代产物还带动了经济运行的新格局。受网络化的影响，原本难得一见的异国他乡的文化现在可以图文并茂、生动鲜活地呈现在人们面前，人们可以实现足不出户便晓天下事的愿望，"全球村"可望成为现实。传播媒介已经帮助世界形成一个全新的"交流的世界系统"，通过这个系统人类能够实现信息共享。当然人们也不难发现高度工业化的国家控制着这个过程和系统，因此表现出相对的一体化趋势。

（三）全球一体化与现代化有关

现代化是指从农业经济向工业经济、农业社会向工业社会、农业文明向工业文明转变的历史过程。在此过程中可以发现文明发展具有周期性，存在着第一次现代化，第二次现代化。现代化具有加速性，尤其是在第二次现代化过程中知识时代的加速性表现得十分明显，知识时代不是文明进程的终结，而是新的现代化发展阶段。如果说，第一次现代化是对大自然掠夺和征服，追求的社会经济目标是加快经济增长。那么，第二次现代化则是对大自然的保护和回归，其社会经济目标为提高人的生活质量。现代化的目标具有人类共同追求的价值，强化了一体化趋势。

三、文化融合性

中华民族文化一刻也没有离开过交流和融合，交融性是民族传统体育生存的灵魂、发展的支柱，正是中华民族文化与异质文化悠久和广泛的交流融合，不断地铸造了中华民族文化的博大与精深。近现代以来，全球进入前所未有的民族文化大交融时期，近现代史西方文化的交流，从器物层面开始，到意识层面升华。

中西方文化器物层面交流从传教士兴办教会学校开始，据统计，1920 年中国基督教教会学校 6890 所，在校学生达 20 万。在教会学校中，学生需要掌握各种知识和要求学会各种技能。教会学校带来了系统的西方民族体育。在教会学校教育模式影响下，新式学堂以及武备学堂都以一种新型的教育方式、方法实施着教育，西方民族体育成为主要的内容。其中新式学堂的体育内容主要是击剑、刺棍、木棍、拳击、哑铃、足球、跳栏比赛、三足竞走、跳远、跳高、游泳、滑冰、平台、木马、单双杠、爬山和算术比赛等体系尚不完整、异质色彩浓郁的项目内容，武备学堂中则以"马队、步队、炮队及行军、布阵、攻守分合诸式"的西式兵操为主要内容，并辅之以柔软体操、器械体操等。武术教学也采用体操化方式，如以分段分解、配以口令、易于集体操练的"中华新武术"，改革了武术教学方式，另外中央国术馆仿照古代武举考试及近代体育竞赛制度以"全国国术考试"模式开设选拔武术人才的考试制度。

第二节　民族传统体育传承的方式与途径

民族传统体育不仅是一项重要的体育活动项目，也是传承民族文化、提高民族健康水平、提升民族活力、展示民族风采、振奋民族精神的有效载体。做好民族传统体育传承工作，不仅有利于增强全民族身体素质，培养人的健全心理，同时对增强人的社会责任也具有重要的意义。

一、民族传统体育文化传承概述

(一) 文化传承与民族传统体育文化传承

与民族传统体育文化传承相关的概念很多，我们可以通过关系图的方式，来对各个概念之间的关系进行区分，如图 7-1 所示。

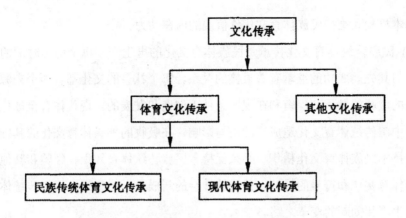

图 7-1 文化传承与民族传统体育文化传承关系图

(1) 文化的积累和传递，是文化系统运行的基本形式之一，也是文化运行的一条基本规律，文化的发展和进步就是这两者的有机结合。不可否认，受全球化的影响中国传统体育文化内部有许多已经发生了变化，各族人民的理念，特别是对民族传统体育文化的价值意识发生了巨大变化，这表明我国现代民族传统体育文化已经发生的质的变迁。

当前在奥林匹克运动全球化后，西方体育文化逐渐成为世界体育的主流，全球各民族的体育文化均受到了西方的体育文化的冲击与融合，其体育的价值观也受到了严重的冲击和融合。在西方文化融入的强大压力下，世界各国的民族文化出现了更多的机会和挑战。一方面是本民族体育文化发展出现了新的危机，一方面促进国家意识、民族意识进一步加强，并刺激本民族体育文化传承和发展。抵制单一文化扩张，增强民族文化之间的沟通，多元化整合建立新的世界体育文化体系，这是符合大多数国家的利益，以及人类体育文化的长远发展的重要基础。在全球化浪潮中，每个民族对自己的文化都应承担着守护者的责任。因此，本民族传统体育文化的传承与发展也日益成为人们所关注的焦点。

(2) 文化传承指文化在人与人之间的群体中（如一个民族）像接力棒一样从社会成员中纵向交接的过程。这个过程由于受到生存的环境和文化的背景限制而具有强制性和模式化的要求，最后形成它的传承机制，使人类文化在历史发展中具有稳定性、完整性、延续性等特征，即民族传统体育文化的传承是民族体育文化的基本机制和维护民族体育文化价值观的内在动力。

(3) 民族传统体育文化传承是民族体育文化的再生产。每个历史时期的文化成果，与其先前成功的继承有着直接的关系。每个社会的文化都有两个来源：历史文化的成就的继承和保留和在现实条件下创造和发展的。现代体育全球化浪潮已经对中国传统体育文化造成了冲击与影响，在吸收的外国体育文化的基础上传承与保持本民族体育文化精华，必须保持本民族传统体育知识、经验和其他信息转化为体育文化和符号的特征，传递给社会的新成员，这就是本民族传统体育文化的再生产和创新的变革之路。

(4) 传承民族传统体育文化不是一个简单的体育文化元素复制过程，而是体育文化按照规则和要素积累、适应与有机排列和组合，最终选择的传统民族体育文化和体育活动准则的要求，使这些元素具有民族性格、和谐有序的系统的过程。

(5) 民族传统体育文化传承是民族意识的深层次积累。民族体育文化是民族体育的核心，是由民族文化核心元素所构成的。只有通过传承本民族传统体育文化以达至维持不会间断的社会精神文化的生产和再生产，传承的民族传统体育文化的民族体育价值意识，以便使每个成员能够深刻认识到民族传统体育文化的这种稳定的核心元素并有机的融合，并使每一个成员对民族体育文化形成持久的、自觉的民族认同感和凝聚力。人类体育文化是多元的，而多元的体育文化是具有民族性、而民族性的体育文化是有传承的属性的。世界经济一体化的今天，我们应该深入了解的体育文化的多元性、认识民族体育文化和传统，并捍卫中华传统体育文化的民族性。

我国民族传统体育是各民族世代相传，以发展身体、增进健康、提高身体机能为目的的人类社会活动。民族传统体育文化则是具有一定内涵与外延的，如图7-2 所示。内涵是一种内在的意识形态与精神现象，与现代体育文化现象的对比呈现出另一种内在的意识形态与精神现象，具有典型的"和谐""中庸"含意，是"天人合一""修身养性""强身健体""保家卫国"思想的具体体现。外延是一种外在的物质形态与现象，如语言、文字、图表、动作、器械等。根据民族传统体育文化从古至今的传承方式，具体包括图表传承、动作器械传承、语言文字传承、家族传承、师徒传承和社团传承。民族传统体育的概念要力求反映出民族传统体育的本质及其特殊的传承模式，以区别于其他文化分支。

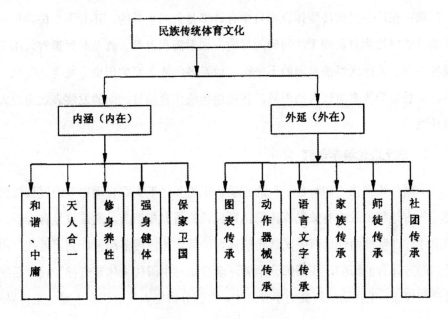

图 7-2 传统体育文化结构图

（二）我国民族传统体育文化传承现状

在我国，56 个民族构成了一个大家庭，各民族在长期的生产生活实践中形成了具有各民族特色的传统体育活动。迄今为止，我国专家已搜集到汉族传统体育项目 300 多条，各少数民族体育项目 670 多条。以我国民族传统体育项目中最具中华民族特色和最高水平的项目来看，武术、中国象棋、围棋和龙舟均是中华民族传统体育的拳头项目，这些项目已逐渐走向世界。我国已举办了多届全国少数民族传统体育运动会，受到各族人民的欢迎，在海内外产生了强烈的反响。

从以上数据中我们可以发现，民族传统体育在改革开放以来，走上了全面复兴的道路。目前对民族传统体育的研究已有了质的突破。但还是存在一些问题，仍有很多领域需要进一步的开发。

1．发展不平衡

据 1990 年出版的《中华民族传统体育志》统计，我国民族传统体育项目达977 项。在这些民族传统体育项目中有许多是大同小异的，还有不少民族传统体育项目的属性到目前尚无法明确的界定，如射箭和射弩、舞龙和舞狮等。由于我国各省市、各地区经济发展的不平衡，以及各民族之间的历史、社会、文化、民俗、宗教信仰等有着较大的差异，各民族传统体育项目之间的发展表现出很大的差异性。

2．缺乏理论科学研究

中国传统文化"知行合一"的哲学认识论和"重实践轻理论"的民族性格，使一些古籍和记录中有关民族传统体育理论的研究相当少，通常只是有一些摘要和简述。在明清两代后有关民族传统体育的著作才慢慢多起来。到了近代，由于受到西方体育的影响，我国部分学者逐渐开始对中国传统体育进行了较为系统的研究和探索。但在这些研究的学者之中，大部分研究人员的研究主要是来自兴趣，就像民族传统体育本身的发展一样自发、无组织状态。直到 1998 年教育部印发实施体育本科专业民族传统体育专业成为之一，成为本科专业后，大多数的精力也是研究民族的武术占主要地位，对民族传统体育研究的面比较窄，水平也不是高，而且目前大多数的研究均是以纯理论现象的研究，很少有定量的围绕着民族传统体育项目产业化的研究。这种不能给个体或区域经济发展带来一定效益的研究势必会影响它传承与发展。

3．缺乏在学校体育教学中的开展

学校体育是民族传统体育的一大传播源，要想继承发扬民族传统体育，就必须借助学校体育的力量。我国目前学校体育教育内容主要以西方体育教育内容为主，如体操、田径、篮球、排球、足球及其他项目成为学校体育教育的主要课程。学校的少数民族传统体育项目教学课程，在升学的考试科目的压力下，它只以特色教学形式出现在学校课堂之中。这导致对民族传统体育的传承与发展不利的现状。

时代的发展，社会的分工越来越细。民族传统体育文化的多元化价值功能成为影响传统体育发展的双刃剑，它给人们多方面利益的同时，也成为传统体育发展的障碍。在现代快节奏的生活与工作下，人的价值观取向朝着实用和便于学习，好玩、简单和有效的方面发展，尤其是 80 后、90 后的年轻人，对传承与发展民族传统文化兴趣不大。虽然加速全球化的步伐已成为一种趋势，但全球化带来了许多问题，特别是对国家和各民族本土的文化的影响。面对这种现状和趋势，民族传统文化的回归和兴衰引起更广泛的关注。如何让民族传统体育文化保持在原有国家民族文化重要部分这一角色已经无法回避的摆在我们的面前。所以保护、继承和弘扬民族传统体育文化变得不可推卸的责任。

二、我国民族传统体育文化传承途径

现代体育运动方式大多来源于各民族的传统体育活动，多数研究者在民族传统体育主要起源于劳动生产、古代军事活动的演变、民族风俗习惯的演变、满足文体娱乐的需要、纪念祖先或民族英雄等方面取得比较一致的认识。也有学者认为民族传统体育的起源与宗教是密不可分的。巫术与游戏，在人类原始欲求的诸因素中对民族传统体育起源的影响举足轻重；巫术文化对体育萌芽的重要影响，原始巫舞是体育起源的直接催化剂。这类研究目前已得到一些学者的认同，但认为民族传统体育起源于劳动的说法仍占据整个学术界的核心。

在对民族传统体育特征方面的研究，学者们从不同角度、不同方法研究总结了同样的结论，民族性、传统性、健身性和娱乐性方面地得到了大多数学者们的认同。但有许多学者对民族传统体育的"竞技性"这一特征存在着较大的分歧。

根据民族传统体育文化的起源及特征，我们认为民族传统体育文化传承模式有以下五种：生活方式传承、军事传承、竞技传承、学校教育传承、社会教育传承，它们的关系如图 7-3 所示。

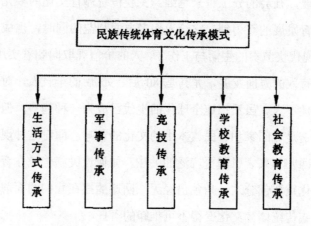

图 7-3　民族传统体育文化传承模式图

（一）生活方式传承

生活方式传承是最古老、最原始的民族传统体育文化传承模式之一。生活方式传承，根据人类日常生活的内容和形式，可以分为生产实践活动、宗教祭祀活动、游戏娱乐活动和风俗习惯四类，具体如图 7-4 所示。

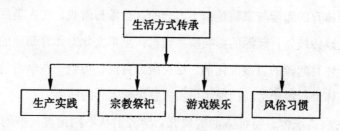

图 7-4　生活方式传承模式的结构图

1. 生产实践

史前人类的体育活动就是和生产劳动紧密结合的。人类体育活动本身就是生产劳动的直接或间接生产劳动服务的一部分。

民族社会发展过程中，狩猎、畜牧业、渔业、运输等是人类生存和生活得到满足、生产物质的基本手段与方式，是生产活动自身力量作用客观物质所进行的生产的一个活动过程。介于生产过程之中的民族传统的体育，不能离开物质存在于生产活动之外，而且还能给生产活动过程带来一种补偿，是在某些生态环境中创建、享受和传承的物质文化现象，它贯穿人类生产活动的全过程。

恩格斯指出，劳动是"整个生活活动的第一个基本条件"。中国是世界上最早发展农业生产的国家之一，早在公元前 2000 年之前，我们的祖先曾从事畜牧业和渔业的原始生产。在长期生产实践中逐步创建一些工具，这些工具也是早期体育工具。收集食品、运行、攀登、投射、游泳、摔跤及其他活动，它们成为祖先生活的必不可少的内容和形式，这是早期这项运动的起源和发挥人的力量和技能，以及能够使用工具形式的练习，如狩猎。要运用跑步、爬山、铸造，摔跤等技能，这是早期教育得到传承的形式，这也是当时广泛遵循的原始的劳动、生活教育。这种教育是以身体活动内容为基础的，以形成一些操作技能为目的，在内容和形式的体育活动。并且只能对劳动、生活和动作的再现、重复，带有自然的性质。这种带有劳动、生活的"身体教育"的体育活动，对民族传统体育的形成发挥了积极的作用，是推动未来民族传统体育的起点。总之，在物质生产过程中，祖先积累了越来越多的生产经验，他们认识到人类的生存取决于他们在追捕猎物时二者之间的速度、耐力、灵敏、强度等的最终结果。所以他们在继续劳动教育的同时，开始有意识地对身体素质进行训练。

作为生产力的逐步发展，人在使用工具的过程中，需要通过锻炼提高生产技能、他们将追逐、跳跃、攀登、投射、游泳、摔跤等内容变成教育活动时，古代体育直接从生产活动过程中逐步分化出来了，并反过来，促进了人们生产技能的发展和人类本身的发展，促进了健康，使之更好地适应恶劣的自然环境和艰苦的劳动需求，并代代的传承下来。

2. 宗教祭祀

宗教是一种以信仰模式为特色的文化形式。不同宗教的形式在不同历史时期和不同的民族、国家和地区对民族传统体育的发展方而所发挥的作用和影响的是不相同的，由此形成的复杂性和彼此的多重性。宗教的历史与人的发展、文明与文化的发展是同步的，所以不能低估其作用与意义。宗教内容与早期人类文化形式有着密不可分的关系，无论在物质文化如生产和劳动、食品、建筑、服装等方面，或精神文化如文学、教育、原始艺术、宇宙等方面。在全世界各民族人民的心中，宗教是必不可少的。宗教本质上是一个信念，以确定人的价值观。宗教信仰，寄托着一个民族的心理和情感的需求，通过感情表达他们对社会生活的基本态度。宗教文化和民族体育文化都是人类创造出来的两种文化，它们相互渗透。宗教活动中包含着民族体育文化的内容，民族传统体育文化中也保留着原始的宗教仪式庆典内容。因此，宗教对民族传统体育文化也起着传承的作用。

(1) 原始社会的图腾崇拜，自然宗教幻想有"超人力量"的特殊形式来影响或控制自然现象，这些特殊的形式的活动，孕育和包含着原始民族体育活动的萌芽。他们在不知不觉地练习着原始体育的行为，发挥着原始民族传统体育的功能。

(2) 人民按照自己的字符、想象力和喜欢和不喜欢的东西设计了各种各样的敬神祭祀活动，利用各种原始文化和体育活动作为宗教娱乐形式的安神慰神仪式。

(3) 由特定的宗教观、个人自觉地采用某些特定的方法对自己身体和心理进行的宗教改造过程中可以看到民族体育文化的内涵。

(4) 宗教节门中经常伴有文体活动进行，这表明宗教与民族的民族风情、风格、文化、艺术、生活方式、道德规范融合为一体，成为这些民族文化的主要元素。

3. 游戏娱乐

游戏娱乐也称嬉戏，是我国古代体育活动的主要内容。据史记记载，在春秋战国，七八岁以上的贵族儿童除识字外，也须接受跳舞、射箭、驾车等形式的知识传授，从习礼仪开始到进入成人社会的常识的传授。在此期间，体育知识、技能、技巧的传授是基础，并在有系统、有组织的传授模式下进行。汉代后，体育的学习内容逐渐消失在一般学校教育之中，只有在专门学校（如唐宋与吴蜀后的军事研究）所开设的课程中才有。但是在民间，体育知识、技能、技巧却以民间游戏的形式流传于孩子们的生活中。

在我国古代儿童游戏是非常丰富的，除了含有模仿成人的生活、战争的体育游戏活动外，还有许多游戏是由各民族的先祖们创造并代代传承下来的。唐朝人路德延在《小儿诗五十韵》一诗中就提到了许多儿童游戏：骑竹马、口接抛果、藏钩、捉蜘蛛、黏蝴蝶、打泥弹、斗草、踢球、积木、垒石、捕蝉……其中不少游戏具有很高的身心锻炼价值。

4. 风俗习惯

民族风俗习惯是指各民族在服饰、饮食、居住、生产、婚姻、丧葬、节庆、礼仪等物质生产和文化生活方面广泛交流的喜好、风气、习尚和祭祀等。这是一个复杂的民族社会现象，从这种社会现象可以反映出一定的民族传统体育外观。对于大多数民族成员，在传统文化价值和知识的获取时，更多依赖存在于风俗习惯之间的非学历教育。他们接触民族传统体育的渠道主要是靠节庆日、宗教仪式和婚葬礼仪，部落或村庄之间的比赛。通过全社会的教育，并施加潜移默化影响将民族传统体育传承到年轻一代的民族成员的行为中。

(1) 民族传统体育浸入传统节日、婚俗与祭典。苗族的"踩花山"婚俗是由村中长老在附近山区上选一平坦之地，竖立一根"花杠"作为"踩花山"的标志。青年男女盛装而来，吹奏芦笙，边吹边舞，倒立翻滚，吹奏不息，小伙子在小阳伞庇护下寻找自己中意的姑娘。达斡尔少数民族，把"春节"称作"阿涅"节。这类活动还有西南壮族的"抛绣球"、布依族的"丢花包"、哈尼族的"打磨秋"；西北哈萨克族的"姑娘追"、柯尔克孜族的"追姑娘""飞马拾银"、塔吉克族的"叼羊"等项目，既是青年男女自由恋爱的方式，传递着真挚的爱情桥梁，又是庆贺婚姻的形式，使婚俗与民族传统体育在狂热中交融。

(2) 在我国少数民族的节日、歌会、赶集（墟场，市集）、庆典活动中包含了许多民族传统体育活动的内容。它是一个民族形成后在生活、生产劳动过程中形成的、较稳定的用以表现自己独特的民族体育文化方式。这种民族文化有的是在劳动生产过程中创造出来的;有的则是在欢庆丰收时的欢庆节日里表现出来的；有的则是在民间业余文娱活动中表现出来的。这些通过一代又一代保留与传承下来，它具有浓厚的民族文化内涵。这些被继承下来而得到延续的不仅是一个民族特有文化标志，而且还负载着许多独特文化观念。

在今天，许多少数民族地区都开展了丰富多彩、各具特色的民俗旅游活动，以经济效益的开发来促进民族传统文化更好的发展。民族传统体育作为民俗节日的主要内容也将随其发展而传承。

（二）军事传承

在我国传统体育项目中，有许多是从战争中传承下来的，随着战争与训练的需要，为了帮助与促进当时战争内容活动的开展，体能训练逐渐从军事分化、演变出来了。夏商周时一期，射箭和御术在当时都是非常重要的军事技能，它是当时学堂知识传授中的重要内容。在那个时期还有一种以操练军队的"武舞"，通过这种武舞可以提高士兵的集体作战素质与个人作战能力，从而振奋士气。

在历史悠久古代，武器的变化、实战技能和军事系统以及军事体育活动的变化，也使角力、举鼎、拳击、奔跑、跳跃、投石、游泳、蹴鞠、马球、武艺等成为军事训练和军事技能传承的重要内容。

（三）竞技传承

对民族传统体育"竞技性"这一特征目前学术界中还存在着不同的观点，较有代表性的观点认为，人类自有了自我意识和群体意识以后，根据血缘、家族、宗族关系进行分类并在劳动实践或游戏中，将个体与个体分开，群与群分开进行竞争活动，从此人们的竞争意识也就随之形成了。人们的这种竞争意识表现在体育活动中就称为竞技性的特点。因为我国早在原始社会就出现了体育竞技的萌芽，竞赛活动是自黄帝以来报答神灵赐福的宗教庆典的重要内容。这种观点最大的缺陷是忽略了人类文化对其影响的因素，单纯地从生物进化角度出发去寻找与总结人类的行为产生因素。另一种观点认为，从民族传统体育的发展历史来看，在我国几千年的体育传统活动过程中，大多数活动是随着人类的生产劳动、日常生活、军队训练、休闲娱乐和礼教活动而活动的，许多民族传统体育项目并不具备独立的形式和特点，更没有独立价值体系，缺乏建立在个人竞技基础的竞技性特征。

在经过大量资料查阅和考证的基础上，我们可以认为我国各民族传统体育项目是具有"竞技性"这一特性的。因为，在我国各民族的人们几千年历史发展过程中，大多数体育传统活动都是随着人类的生产劳动、日常生活、军队训练、休闲娱乐和礼教的活动而活动的，随着民间民俗活动进一步发展，人们为了通过体育活动提高生产力和自身的劳动能力，同时也增加体育活动的趣味性、公平性，各类活动项目的"制约性"规则也就应运而生地出现了。虽然这些原始的活动规则简单粗放，但它却是我国民族传统体育"竞技性"形成的萌芽，是民族传统体育山自然无序状态向规范化体育发展的重要标志。传统的民族体育比赛除了要分出强弱优劣外，还有一个重要内涵，就是在体育比赛中充分地展示各民族人种的强壮、灵巧和体型美的一面，显示出不同民族人的身体具有强大的力量和能力、具有优秀种族遗传的基因，其实这个时期的民间民俗体育活动不仅仅是为了表现体育自身的竞技比赛了，而是上升到是表现与展示一个民族人文精神境界的比赛了。当促使体育运动前进发展的机制变为娱乐、健身、竞胜、审美的健康动因后，它也就更具魅力和感染力，因而被称为"现代人的宗教"。其实现代的竞技体育的竞赛目的也是以展示一个国家或一个民族的人文精神为最终目的的吧。古代通过科举制选拔出文武状元，特别是"武举制"的开创，是民族传统体育具有竞技性的一个很好的例子。

科举制始于隋文帝开皇十八年（公元 589 年）。唐代武则天在发展和完善文科举的同时，开创了武科举，这是我国军事官员选拔制度的开端。武科举即武举制，指通过考试选拔武官。武举考试的内容包括力量测试、武艺较量及身材、言语等。力量测试有两种方法，一种称"翘关"，即一人举起城门的门闩；第二种为负重，负米五解，行 20 步。武艺中的射箭，主要分为徒步和马上，"马枪"则测试马上运用武器的能力及刺杀技术。武举制建立了一整套统一的内容、标准、程序、步骤，有利于评判的标准化和客观化，优胜劣汰，这就是竞技性的体现。当然，武举制是用加官晋爵的方式吸引和鼓励习武者，表明政府承认了武艺的社会地位。武举制的确立和实施，对民间尚武风气和武艺的发展起到了有力的促进作用。换言之，竞技途径是民族传统体育的传承模式之一。

（四）学校教育传承

学校教育萌芽于原始社会末期，产生于奴隶社会初期。自古以来学校类型和名称几经变化和改革，具体如图 7-5 所示。

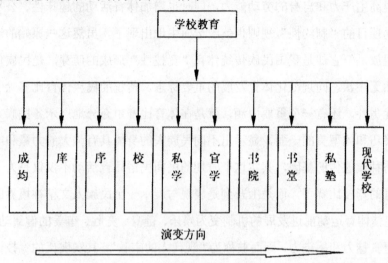

图 7-5　我国学校类型和名称演变图

古代文史记载的第一个学校类型有两种，第一种"成均"，被认为是传说中五帝时代的学校。按照古代词典的解释，"成均"是指一个平坦、宽大的区域，是指被人工改造过的场地，很可能是指在原始氏族部落居住区的广场。这种广场在夏秋季收获用于堆积收割的食物，同时，也是所有家族成员聚会、娱乐，举行一些大型的宗教祭祀活动，或宗族宣布宗族首领的命令及决定的地方。"成均"教育的内容，主要为音乐教育。音乐是家族祭祀仪式中所必备的。可见学校是公众活动和教育的场所演化过来的。

第二种是"庠"，被认为是在传说虞舜时代的学校，是养老、贮粮的地方。养老是氏族社会在生产有盈余后的必须要执行的决议。家族把具有丰富生产经验和有知识的老人集中在一起集体供养。《礼记•五制》载："有虞氏养国老于上庠，养庶老于下庠。"按《礼记·明堂位》的解释："庠，有虞氏之米廪也。"养老于米仓自然便利，不过老人也不是白吃闲饭的，他们要将自己丰富的阅历、经验和技能，对下一代进行传授。"庠"后来成为学校的名称之一，所以学校也是从养老场所的传授生产、生活经验和知识演变过来的。

原始社会进入氏族社会末期后，由于社会经济、政治和文化的发展与发达民族的学校开始萌芽。在夏商时期的学校、以文武兼学并以武为主的教育理念与模式。在夏朝时代，有"序"和"校"这两个学校机构、主要是以培训奴隶制度下国家所需的人。"校"不只是进行文化和道德教育的地方，还是对学生进行军事训练的专门机构。商代，作为统治者将宗教和军事确定为维持他的统治的两大支柱，宗教教育和军事训练则成了殷商时期教育的中心内容。射箭训练和车战技术，被指定为学校教育的主要内容之一。西周王朝的学校教育比夏、商时期有了很大的发展，其学校教育的理念是以培养文武兼备和谐发展的人才为起点，教育内容以"六艺"为主，即，礼、乐、数、射、御、书。其中射和御（射箭和驾驶战车）其实就是体育内容。

在中国两千多年的封建统治时期。封建社会的政治、经济和文化发展，在学校教育方面提出新的要求，促使奴隶社会末期就已经有了私立学校，接着是官方学校和私立学校共存，五个朝代后出现了书院的学校教育形式。明代的时期，一般学校叫"书院"或"书堂""私塾"。光绪二十九年，清政府颁布了《奏定学堂章程》，不只明确各级各地学校教育体系，也规范了各学校的课程。其中《奏定学堂章程》里所规定的小学课程是我国第一套正式的小学课程。

对中国传统体育文化如何代代相传，教育是最基本的途径之一，其中，学校体育教育的作用是巨大的。中国传统文化曾孕育出学校体育教育的原型。在传统文化中，体育教育对学生而言不是一门纯粹课程，它链接到并影响其他教育课程。它不仅能"均调其血气而收束其筋骸"，而且还能在思想领域"调畅其精神而涵养其心术"，在道德教育方面，可达到"移风易俗"的作用。在先秦时代，体育教育推行不是偶然的。根据当时社会的需要，学校只有六个科目，记录在历史书上的"六艺"。六艺中的射指的是弓射、管射，御是驾驶战车。除了上述两门课程以外，还有乐，在音乐的课程教育里舞蹈音乐（其中行动是礼仪性，还配备了舞蹈的进攻和防御武器共舞的跳慢舞）也包含着武术的内容。从当时的课程类别来看射、御和乐中的乐舞占六个课程的两门半，也就是说"体育"课程超过了全部课程的三分之一。

在我国封建社会时期的经济生活，是以个人耕作和手工制作为基础的。由于生产要求、广泛的职业和生活方式的影响，出现了文化和军事分开的现象。一群手无缚鸡之力弱书生和一群头脑简单四肢发达的武夫应运而生。封建社会，忽视了人体发展的重要性，片面发展的人才观，导致重文轻武的理念形成。在这一历史背景下，学校体育教育出现在了持续发展和失去了生存与传承的基础并逐渐在学校教育中消失。虽然有一些"书院"保存了下来，如庐山的白鹿洞书院、湖南省长沙市岳麓书院。但都没有高校体育教学的科目，没有体育锻炼设施和场地。民族传统体育失去了其在学校的基础。1918第四次国民教育联合会，国家高级文凭学校校长会议和全国中小学通过各项决议，"推广新武术"，将"新武术"列为中学以上学校"体操课程"。然而，由于当时缺乏系统管理的机构和制度，任何"指示"和"决议"都得不到有效地实施。从当时国家现状的角度来看，民族传统体育的传承与发展还是处于自发性阶段。

综上所述，学校体育在我国古代，已有一个良好的开端。按照古代学校德育、智力、身心发展组成教育的三个主要组成部分，我国传统文化中学校体育的不仅得到了重视，还得到了健康的发展。但在封建社会，文武分开，重文轻武的思想比较严重，其中民族体育教育主要是以军事技能的发展。体育教育逐步淡出学校教育之列。西方列强的枪炮，使人们认识到一个国家的强大必须要有强壮的民族体魄，在学校教育中则必须倡导军事体育教育。中国传统文化受到西方文化和西方文明的强烈冲击后，学校教育从一开始恢复就引进了西方体育，这也是因为现代民族传统体育在学校教育方面开展不起来的重要原因之一。即使在许多学者和有志之士共同发出"保存国粹"的呼声下也只武术开始进入学校体育教育领域。可以说中国民族传统体育一直存在于社会生活的领域中，却被排除在学校体育教育领域之外。

（五）社会教育传承

所谓的社会教育传承，主要指以师徒形式传承的民间社团的传承。"我国古代民间体育社团，虽非宋代始创，但是真正称得上市体育社团的民间结社，却是在宋代（特别是南宋时期临安城里）才得到一定规模的发展。"在近代，在中国社会中民间社团协会活动更是常见，他们对促进民族传统体育技能与文化传播和发展发挥了极其重要的作用。

到明清时期，在宋朝形成的一些体育组织却消失了，由体育社团进行体育活动逐渐单一化，武术成为在当时最盛行的体育活动，清朝初期先后出现了许多以练武和治疗疾病为手段的社团组织，以反清复明为目的的秘密社会，如清末著名的义和团就是以练习民间武术和信仰白莲教的群众基础上逐步发展起来。国术馆、武术协会、武士俱乐部、精武会等社会组织盛行全国各地，仅在上海就有精武会、中华武术会、忠义拳术社、得胜武术社等不计其数的社团，赢得了无数青少年的参与。但因为当时清政府以民间协会组织会造成"政府危机"为山对各协会组织限制言论自由是非常严格的，特别是清朝初期，导致在明清时期民族体育发展出现严重的滑坡趋势。也造成后来对民间武术协会组织一直限制。

清朝末期、随着西方文化的入侵以及西方体育的传入，一些有识之士开始对民间武术的整理、改编，编写成武术操，与此同时武术协会社团的出现，民间武术出现有组织的发展趋势。如 1909 年霍元甲创建上海精武体育会；1914 年马良创办武术传讲所，推广"中华新武术"；其他的有影响的武术社团组织还有：天津中华武术会（1911）、北平体育研究社（1912）等。山于社会的变革，体育组织类型随着社会的需要，从一种传统的单一武会组织形式演变发展成为许多类型的社团。1924 年张伯岁发起并成立了"中华全国体育联合会"；1927 冯玉祥将军鼎力协助成立的"中华国术馆"；1929 年山体育名人的吴云瑞发起并在南京成立"中央体育研究会"。这一时期体育社团组织，是由在受西方文化影响下的民主主义革命者倡议下，以培养革命武装力量为目的、从尚习武的精神来促进近代体育组织的形成和发展。但其主要内容还是由西方体操替代了民族传统武术。

中国传统文化与社会政治背景下，体育的社团大众组织传承着民族传统体育文化，设法维持平衡与国家权力与政治的关系。但与西方体育组织社团的民间性、自治性相比，中国的体育组织的民间性和自治性带有明显的政治倾向性，这是中国各社会团体组织的最基本的、最主要的特征之一。中华人民共和国成立后的计划经济体制时期，所有体育管理实行政府行政管理体制，几乎所有的体育机构均属于政府部门，这段时间的民间体育社团组织形同虚设，民间体育组织缺乏管理名存实亡。

目前，中国体育却一直依靠政府投资与国家对竞技体育所持有的政治期望过高的状态，对于社会的其他领域和体育社团均处于"半官半民"状态之中，甚至更有的地方及区域完全走"官方"发展之路。中国的体育社团目前从整体来看呈现两极化走向，即全国性的体育社团社会化比地方性社会化体育社团少，竞技性体育社团社会化比大众体育社团少，奥运会体育社团社会化比非奥运项目社团少。这种趋势极大地影响民族传统体育的生存，对来自民族传统体育社团的发展和生存非常不利。

三、传统体育的传播

民族传统体育传播，除了国内传播之外还有国（境）外传播。对民族传统体育实施全方位、全景式域外传播，不仅可以拓展中华民族传统体育的发展空间，借助"墙外开花墙内香"的效应，进一步提高民族体育文化的本土繁荣，更主要的是可以将中华民族体育文化的文明成果实现人类共享。

域外传播除了教育途径外，形式和途径十分广泛，诸如商务活动、经贸往来、文化交流、文艺演出、体育竞赛和体育表演等。然而无论是何种形式和途径，所传播的具备动态肢体符号的信息是相同的。从这一点分析，我们可以自信地认为中华民族传统体育具备域外广泛传播的可能性。1936年8月，中国派出了140人的代表团参加在柏林举办的第十一届奥林匹克运动会，其中有一支特殊的队伍是由 11 人组成的国术表演队，男队员有张文广、温敬铭、郑怀贤、金石生、寇远兴、张尔鼎；女队员有翟涟源、傅淑云、刘玉华。这支队伍在奥运会表演项目进行了精彩的表演，获得了轰动。武术队还应邀到法兰克福和慕尼黑进行表演。中国武术队的表演，为中国体育代表团增添了光彩，也向世界体坛展示了中国武术的风采，这可视为中国武术代表国家走向世界的开端。中华人民共和国成立后，中国武术代表国家频频出访，在各种国际场合中，展现了中国武术的特殊魅力。

出访表演是暂时的，表演的效应会随着时间推移而减弱。依托于教育的中国武术域外传播才是民族文化有效传播的根本。如今，中国在海外百余所的孔子学院中部分开设了武术等民族体育的教学内容，使武术为主体的民族体育开启了域外的教育传播的历程。如前所述，教育具有规模的、程式的传播性质，可以保障传播信息的系统性。除了孔子学院这类官办的涉外学校，还有大量的民间学校在实施着中华民族体育的传播，如武术培训学校、武术训练基地等就承担着域外教育传播的任务。

体育文化的传播离不开体育竞赛，竞赛作为推动体育文化发展的有力杠杆，对中华民族体育也发挥不可估量的作用。目前，国际武术比赛的频次和规模日益提升，这些竞赛活动发挥着促进武术技术的交流，传播中华文化的重要作用。比如世界武术锦标赛每两年举行一届，由国际武术联合会主办，各武术会员国轮流举办。自从 1991 年首届锦标赛成功举办以来，这项赛事已经举办了 12 届成为世界武术界最高级别的国际大赛。

当今科技的发展为中华民族体育的域外传播奠定了雄厚的物质基础。尤其是因特网的全球普及，成为中华民族体育的域外传播的有力工具。国内的 150 多万个网站，是传播武术等民族体育文化的坚实基础。由于体育文化的特殊性，仅仅依托于图书媒介进行的传播存在着鲜活性不强的问题，而网络的视频可以真实地再现和传播中华民族体育文化。

跨文化传播是当今人类文化传播和交融的一个非常重要的领域。其特殊性在于交流的双方对于传播的信息存在认识的过程，认同需要一定时间。特别是对一种完全不同于其自身文化的民族体育，从相识到相知的确需要传播者的技巧和文化势能。有句谚语说得好："物以类聚，人以群分。"大多数人都会试图接近哪些和自己相似的外貌、习惯和性格的人，正所谓人以群分。从这个例子中，我们看到了跨文化传播中寻找相似点至关重要。相似点在民族传统体育中是比较明确的，动态肢体符号是一个非常重要的相似点。然而，我们在跨文化传播中遇到的更多问题不是相似点的寻找，而是如何消除彼此问刻板的印象、消除固执的偏见、消除种族的歧视、消除文化隔绝等障碍。比如中国武术在非洲的传播，我们如何消除上述的障碍，如何运用对方能够接受的方式进行武术套路的教学，如何引导对方学会使用中国人的思维方式思考武术中东方哲学思想。特别是中国武术是一种人类本能攻击行为的技术性总结，中国人将这种技术总结进行了文明化的包装，形成了除搏击之外的特殊的功法和套路运动形式，很多异族人对这种运动形式不理解，甚至认为这种武术与影视中的武术形象大相径庭，因而心存疑虑。消除这种疑虑的方法不仅需要传播者的专业技能和教学艺术，更需要他们具备必要的文化素养，以便能够深入浅出地讲清楚东方人体文化的内涵，以及演变的历程和价值所在。解决这个问题的根本方式应该是将民族体育纳入中华民族文化之中，将武术纳入中国式的生活方式之中，使民族体育作为中华民族文化的有机部分整体对外实施文化信息输出。只有当武术等民族体育作为人们生活方式中的一个组成部分，异族民众在接受了这种富于生活情调的文化时，才能从工具、玩具转化为生活的"器具"，逐步理解和接纳中华民族文化而终身不离不舍。

第三节　民族传统体育的反思与超越

　　中国民族传统体育是中国传统文化的重要组成部分，是中华民族文化的瑰宝，中国人独特的思维方式、行为规范、审美观念、心态模式、价格取向、人生观和宇宙观等在传统体育中都有集中的反映。但目前我国的传统体育文化在一定程度上呈现出弱化与衰颓之势，面临层层危机，举步维艰。在新形势下如何传承和创新民族传统体育，使其发扬光大，已经成为迫在眉睫的问题。

一、新形势下对民族传统体育文化传承的反思

2008 年我国承办的奥运会取得了空前的成功，社会各界对中国举办的这次奥运会好评如潮，国际奥委会主席罗格先生赞誉北京奥运会是"一届真正的无与伦比的奥运会"，在开幕式和闭幕式上，代表中国传统体育文化的太极拳和武术表演给世界各国留下了深刻的印象，它向全世界人民展示了中国传统体育文化独特的魅力。但是在科技的日益进步、经济的快速发展和全球经济文化的一体化的进程中，民族传统体育文化遭遇了前所未有的挑战。

(一) 生存基础的消逝

我国民族众多，地域辽阔，每一个民族因环境条件、生活习俗和生产方式的不同，都具有自身的文化特质。随着经济、科技、信息的发展，人们对传统体育的认识多见于其娱乐表演价值；而交通与信息传递日益发达使得民族传统体育文化的某些重要特征逐渐消失；现代人的快节奏生活方式和追求捷径的心理使得有耐心和毅力来传承民族传统体育的人急剧减少。物质消费方式和生存观念的急剧改变，导致许多民族的无形文化发生急剧消亡和流变。这其中就包含了衰退的民族传统体育。

(二) 遭遇屡屡侵权行为

一些民族传统体育文化因其具有广泛影响力及深厚的文化底蕴而遭遇侵权行为已是屡见不鲜了。在中国国内，有百余家企业注册使用 54 个"少林"商标，行业涉及汽车、家具、五金、酒业、医药等。其他国家和地区都在抢注"少林"或"少林寺"商标，共发现 117 项，他们均以"少林""少林寺"商标或名义，利用

少林寺这一具有广泛影响力及深厚的文化底蕴的中华民族历史文化遗产来获取商机和利润。这些行为侵占了中华武术资源，侵蚀了中华传统武术的知识产权及名誉权，对中国民族传统体育文化造成了恶劣的影响。虽然 2003 年联合国教科文组织在巴黎举行的第 32 届会议上制定了著名的旨在使非物质文化遗产免遭损坏、消失和破坏的《保护非物质文化遗产公约》我国国务院也于 2005 年颁布了《关于加强我国非物质文化遗产保护工作的意见》，但总体上来说我国对非物质文化遗产的保护立法还很欠缺。目前为止，国内还没有一部专门保护非物质文化遗产的专门法律法规。在现阶段只能根据传统体育的文化属性和传统知识属性特点，给予传统体育文化知识产权保护的法律保护，很显然，这是远远不够的，所以在现阶段加强传统体育文化遗产保护立法，制定相关法律迫在眉睫。

（三）外来竞技体育文化的冲击和异化

今天，我们能见到传统体育的机会和场合越来越少，现在流行的是篮球、足球、跆拳道等国外竞技体育，随处可见大大小小的篮球、足球场地和跆拳道馆，而本土民族体育则十分冷清，极少看见有太极拳、武术馆、象棋馆等场馆，学习的人也很少。除了一些中老年人有时打打太极拳健身外，年轻人的体育活动都被西方体育所占据了，在日常生活中找不出几个在练武术、龙狮、摔跤的，只有在学校才有专门学习民族传统体育专业的学生，但他们能真正领悟传统体育文化精髓的甚少。在世界现代体育一体化趋势明显加速的今天，现代体育对各民族传统体育的冲击已是一个不争的事实。在体育舞台上竞技和表演的，是被西方竞技体育异化的商业化的竞技套路、竞技散手，根本没有表现我们民族文化历史的原貌，没有承载我们民族文化的内涵和基本精神。

人类的创造和发明总是层出不穷，新文化的创造为我们的人类文明添加了更加多姿多彩的元素，我们呼吁保护和传承传统文化，并不是排斥新的文化，但现代人在追捧新文化的同时应该注重传统文化的传承，好好保护祖先给我们留下的这笔宝贵财富。

二、民族传统体育文化传承的现代超越

（一）加强对民族传统体育文化的法律保护是保障条件

传统文化遗产的保护是历史赋予的时代使命，已经随着人们对传统文化遗产认识的逐渐深入而被越来越多的人所重视。在经济浪潮冲击的今天，民族传统体育文化的侵权行为更让体育界感到加强传统文化保护立法的重要性。建立起一整套的法律、法规，以保护中华传统体育文化已是学者们的共识。法律手段是保护传统体育的最有力保障，从传统体育文化的基本属性和非物质文化遗产的国际定位出发，对传统体育的法律保护要站在世界非物质文化遗产保护的高度来进行，从体育角度、文化角度和知识产权角度来给予传统体育法律保护，给予传统体育知识产权保护是现行最有效的法律保护，加强专门性法律法规立法和设立有效保护机制是则对传统最根本的拯救方法。

（二）对传承人的培养和法律地位的承认是基础

任何一种形式的非物质文化遗产，都是依附于特定的人群、区域、空间而存在，在某种意义上，文化传承人的绝迹意味着该文化特征的消亡，所以文化传承人法律地位的确认十分重要，只有明确了权利主体，赋予权利主体相应的权利和责任，中华传统体育文化的传承和保护才谈得上实际操作。创立者和传承人应有发表权、署名权、一定的修改权、获得报酬权及国家资助权、传授权。我们应当建立申报制度、程序，借鉴"世界文化遗产"申报和"人类口头与非物质文化遗产"申报的做法，按照逐级申报、专家机构或权威部门评估、政府审批的程序，给予相应传统体育项目"传承人"注册活动，如"武术之乡""龙狮之乡"等发源地域名活动。给予"传承人"的国家承认的尊重权利以及该传统体育项目的所有权，享有对该传统体育的发表权、署名权、一定的修改权、获得报酬权及国家资助权、传授权等，可以调动他们的创造、传播传统武术体育的积极性和主动性，促进传统体育文化的继承、传播、开发、创新。

(三) 学习和借鉴世界各个民族优秀体育文化成果是动力

历史经验告诉我们，各个国家和地区之间进行友好交流和合作，相互之间取长补短、互利互惠，是各自获取发展的重要外部条件。

第一，民族传统体育作为特定社会和农业文明的产物，难免精华与糟粕并存，我们要在传统基础之上对它进行新的创造，合理吸收其精华部分，坚决摒弃一些落后、不符合现代体育科学原理，与社会主义现代文明相悖的东西。第二，应该借鉴和吸收西方体育以竞争为核心的精神价值，在保持民族特色的基础上，引入奥林匹克精神，追求身体和精神双重价值的实现。第三，积极借鉴现代体育的优秀成果，运用现代体育科学理论与方法对传统体育进行理论研究，借鉴现代体育成功的管理制度去管理传统体育，借鉴现代体育的组织制度和现代化传播手段宣传和发展壮大自己。

(四) 加快和深化文化体制改革是根本

文化的传承不仅仅是为了保护，更重要的是为了创造，传统体育文化的发展必须加快文化体制改革和创新。

第一，要以加强传统体育文化基础设施建设为重点，进一步完善公共文化服务体系。在城乡要建立一些传统体育项目活动场馆，配备专业指导员，繁荣传统体育运动。第二，要以培育现代市场体系为重点，充分发挥市场配置资源的基础性作用，充分利用国内国际两种传统体育文化资源，开拓国内国际两个市场，让中国传统体育文化"走出去"，扩大传统体育文化的对外影响。第三，引进俱乐部及产业制度，坚持"创新体制、转换机制、面向市场、壮大实力"，实行产业化经营、市场化运作，完善法人治理结构，建立健全资产经营责任制，积极推进公司制或股份制改造，努力培育一批有实力、有活力的传统体育文化企业。第四，以创新管理体制为重点，推动传统体育管理部门逐步实现由办体育向管体育转变，由主要以行政手段管理向综合运用法律、经济、行政、市场等多种手段管理转变。

(五) 发展和壮大民族传统体育文化产业是有效途径

随着人类社会发展和文明的进步，娱乐、影视、图书、旅游等多种文化活动目前已全面融入现代社会生活，文化产业也日益成为全球一个新的经济增长点，体育文化产业在西方发达国家已是成熟产业，成为国民经济的重要组成部分，目前，世界上每年体育产业总产值已达 4000 亿美元以上，并以每年 20%的速度在增长。要实现民族传统体育的创新和发展，必须壮大民族传统体育产业，第一，要对传统体育文化产业进行改造，培育优势产业集群，遵循减量化优先原则发展传统体育文化产业。第二，要发展传统体育文化产业的循环经济模式，以体育消费带动体育产业发展，以体育产业的发展更好地为人们体育消费服务，以民族旅游业带动民族体育产业的繁荣，保护民族传统体育文化生态，培育文化产业种子，民族传统体育产业又反过来刺激民族旅游业的发展。第三，要逐步形成以旅游业、出版业、艺术表演业、图书音像业为核心的传统文化产业发展格局，利用数字、网络等高新技术，以数字化、信息化带动传统体育文化产业的跨越式发展。第四，在资源充分地区，将传统体育产业发展为支柱产业，要建立传统体育文化产业资源评估体系，科学把握产业方向。

参 考 文 献

安在峰. 2011. 武术实用擒拿大全[M]. 北京：人民体育出版社.

北京市民族传统体育协会. 2006. 民族传统体育 100 例[M]. 北京：北京体育大学出版社.

蔡仲林，周之华. 2005. 武术[M]. 北京：高等教育出版社.

曾于久. 2000. 民族传统体育概论[M]. 北京：人民体育出版社.

戴同斌. 2008. 武术的文化生产[D]. 华东师范大学.

冯国超. 2007. 中国传统体育[M]. 北京：首都师范大学出版社.

宫祥辉，孙明和. 2014. 民族传统体育文化研究[M]. 北京：新华出版社.

黄益苏，张东宇，蔡开明. 2007. 传统体育运动[M]. 北京：高等教育出版社.

贾亮，黎桂华，金龙. 2008. 武术传统文化与实用套路解析[M]. 北京：中国商务出版社.

雷江华. 2012. 融合教育导论[M]. 北京：北京大学出版社.

李明明. 2006. 保护传承非物质文化遗产是文明进程的必然[J]. 哈尔滨：剧作家(1).

李永明，吴志坤. 2016. 传统体育[M]. 北京：中国中医药出版社.

林小美. 2008. 大学武术[M]. 杭州：浙江大学出版社.

刘春燕，谭华. 2016. 中华民族传统体育的兴盛、危机与复兴[M]. 北京：人民出版社.

刘金海. 2013. 武术[M]. 北京：北京师范大学出版社.

刘少英. 2011. 民族传统体育学[M]. 北京：民族出版社.

刘万武. 2014. 民族传统体育理论与项目教学研究[M]. 北京：中国水利水电出版社.

卢兵．2005．中华民族传统体育文化导论[M]．北京：民族出版社．

卢红梅．2009．中华传统体育养生概论[M]．长春：吉林大学出版社．

芦平生．2002．民族传统体育研究[M]．兰州：甘肃教育出版社．

孟峰年．2005．全球化时代中国民族传统体育文化的特征及发展趋势[J].西安体育学院学报(1)．

牛爱军，虞定海．2007．非物质文化遗产保护视野下的传统武术传承制度研究[J]．体育文化导刊(4)：20．

邱丕相．2006．中国传统体育养生学[M]．北京：人民体育出版社．

邱丕相．2008．民族传统体育概论[M]．北京：高等教育出版社．

曲小锋，罗平等．2007．民族传统体育研究[M]．北京：中国商务出版社．

全国体育院校教材委员会．2004．中国武术教程[M]．北京：人民体育出版社．

饶远，刘竹．2009．中国少数民族体育文化通论[M]．北京：人民出版社．

宋加华，崔素珍，等．2002．民族传统体育保健学[M]．北京：民族出版社．

孙耀，刘琪，杨鸣．2008．大众健身行为的理论研究[M]．北京：中国商业出版社．第162页．

谭黔，等．2008．体育场地与设施[M]．北京：北京师范大学出版社．

汤立许，蔡仲林．2011(4)．文化变迁视域下我国民族传统体育发展流变[J].武汉体育学院学报．

王飞雄，张鲲．2003(7)．西北地区少数民族体育消费现状调查[M]．体育文化导刊．

王岗，王铁新．2005．民族传统体育发展的文化审视[M]．北京：北京体育大学出版社．

王岗．2007．民族传统体育与文化自尊[M]．北京：北京体育大学出版社．

王光．2006．民族传统体育养生[M]．上海：上海大学出版社．

王锴，马宏俊．2016．民族传统体育理论创新与教学实践[M]．北京：中国书籍出版社．

王文章．2006．非物质文化遗产概论[M]．北京：文化艺术出版社．

王亚琼，杨庆辞，罗曦娟．2013．民族传统体育学[M]．北京：北京师范大学出版社．

王英．2008．民族传统体育文化研究[M]．西安：西安地图出版社．

韦晓康，张延庆．2009．少数民族传统体育与文化传承[M]．北京：中央民族大学出版社．

薛凌．2017．高校民族传统体育理论、发展与技能研究[M]．北京：水利水电出版社．

姚重军．2004．少数民族传统体育文化研究[M]．北京：民族出版社．

尹海立．2008．传统体育养生方法导论[M]．北京：高等教育出版社．

尹海立．2008．传统体育养生方法导论[M]．北京：高等教育出版社．

翟风俭．2007．从"草根"到"国家文化符号"——中国非物质文化遗产命运之转变[J]．艺术评论(6)．

张春燕．2006．武术知识产权的内容及法律保护[J].北京体育大学学报(3)．

张岱年，方克立．2004．中国文化概论[M]．北京：北京师范大学出版社．

张海林．2003．近代中外文化交流史[M]．南京：南京大学出版社．

张建新，自晋湘，田祖国．2005．现代化进程中民族传统体育的困境与对策[J]．广州体育学院学报(25)．

张选惠．2005．民族传统体育概论[M]．北京：人民体育出版社．

周星．2004．民族民间文化遗产保护与基层社区[J]．民族艺术(2)．

自晋湘．2004．民族传统体育的现代化与现代化中的民族传统体育[J]．体育科学(1)．

左文泉．2011．武术 [M]．北京：北京师范大学出版社．

[美]W．F．奥格本．1989．社会变迁——关于文化和先天的本质[M]．杭州：浙江人民出版社，第144页．

[美]克利福德·吉尔兹．2000．地方性知识[M]．北京：中央翻译出版社．

[美]拉里·A.萨默瓦，理查德·E．波特．2004．跨文化传播[M]北京：中国人民大学出版社．